**In diesem Heft kannst du üben,
Wörter nach Regeln richtig zu schreiben.**

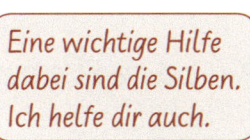

Eine wichtige Hilfe dabei sind die Silben. Ich helfe dir auch.

Setze aus den Silben lange Wörter zusammen.

| Was | ne | lo | me | ser |

die _____

| Feu | to | er | au | wehr |

_____

| Lo | ti | ve | ko | mo |

_____

| Bie | ni | kö | nen | gin |

_____

| Rob | rung | te | ben | füt |

_____

1

Male die Silbenbögen unter die Wörter.

Tipp: Sprich beim Lesen laut mit!

Autoreifen

Fußgängerampel

Kleiderbügel

Regenbogenfisch

Regenwolke

Marmeladenglas

Wasserfarben

Wasserschildkröte

Gummibärchen

Mandarinenkern

2

Verbinde die Silben zu Wörtern.

Pa	gal
Fe	ket
Ga	der 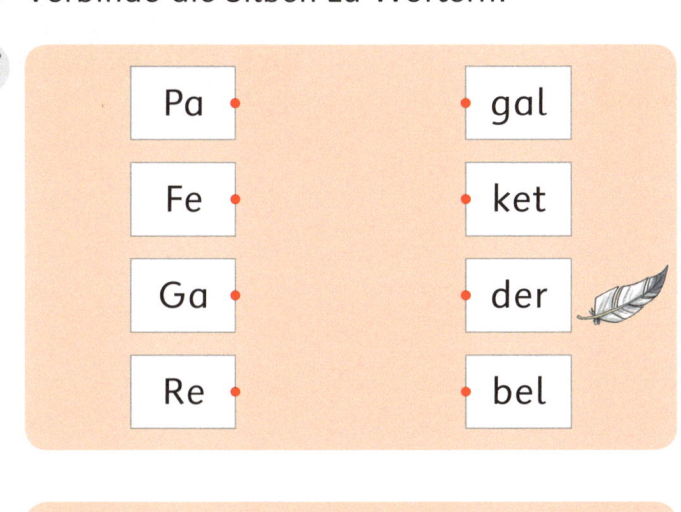
Re	bel

Tau	se
Pal	ke
Mei	be
Gur	me

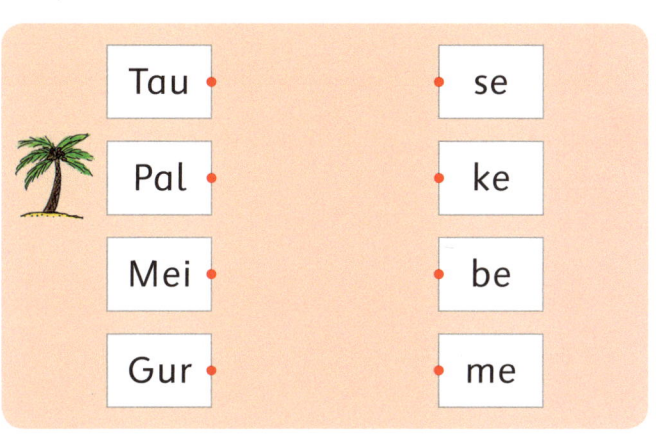

Löf	fin
Del	nel
Kis	fel
Tun	sen

Gar	fer
Lei	ten
Kof	tel
Gür	ter

3

In jeder Silbe gibt es nur **einen Selbstlaut**.
Darum nennen wir ihn den **Silbenkönig**.

Zeichne die Silbenbögen und male alle Silbenkönige an:
a = rot, e = gelb, i = blau, o = braun, u = grün.

Apfelkuchen

Kokosnuss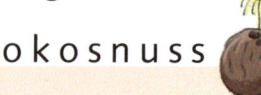

Hosentasche

Computer

Stundenplan

Rennwagen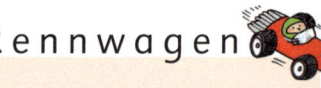

 Rolltreppe

Kaninchenstall

Schmetterling

Zwerghase

Hexenbesen

Waschmaschine

1 Ordne die Bilder richtig zu.

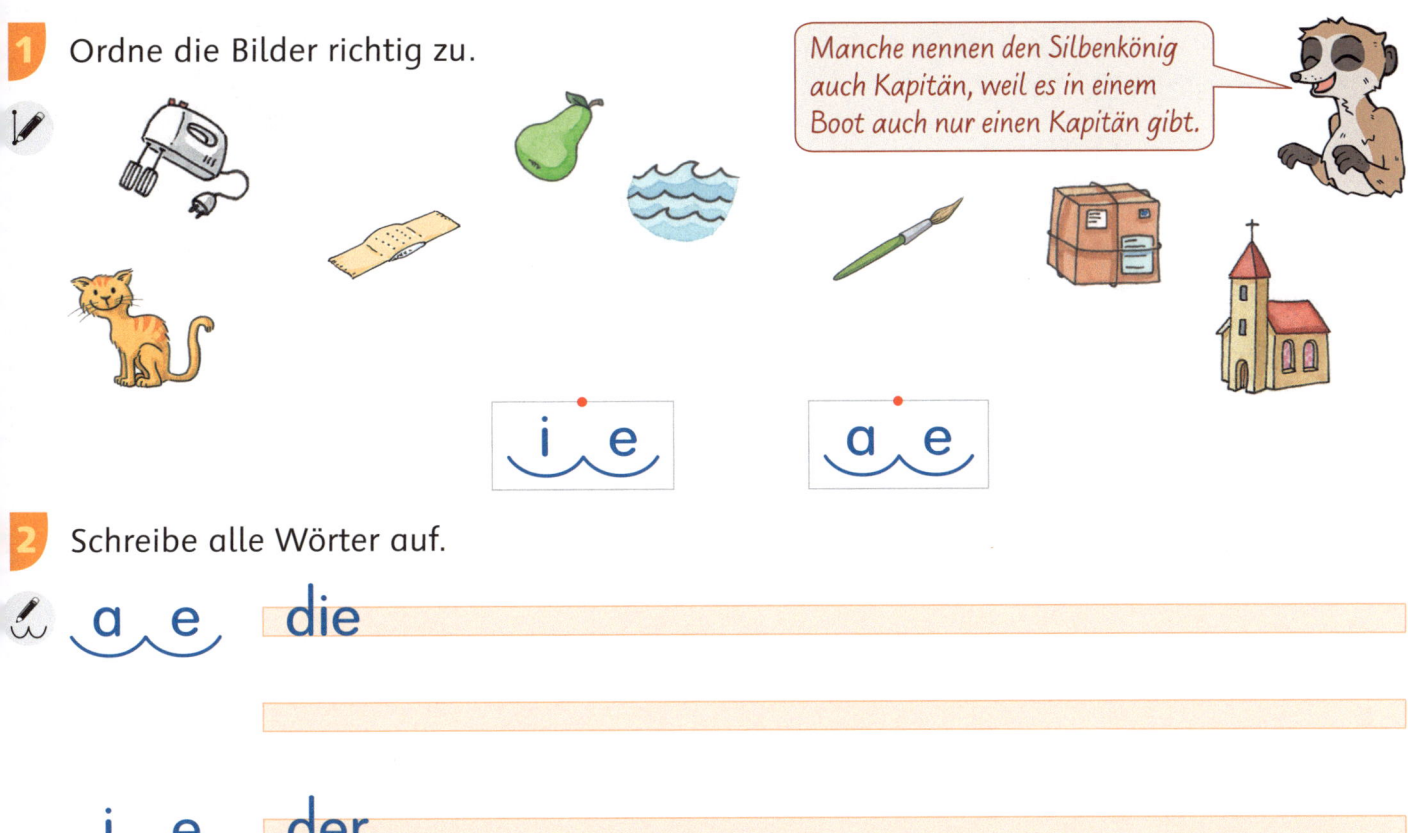

i e

a e

2 Schreibe alle Wörter auf.

a e   die

i e   der

5

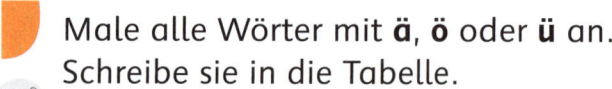 Male alle Wörter mit **ä**, **ö** oder **ü** an.
Schreibe sie in die Tabelle.

In dem großen Gehege im Zoo gibt es zwölf Löwen. In der Nähe ist eine Wiese mit einem Bach, wo fünf süße Bären herumlaufen. Zwei Mädchen wollen Äpfel über den Zaun werfen. „Bitte nicht füttern", ruft ihnen plötzlich ein Wärter zu. Die beiden drehen sich schnell um und hüpfen fröhlich weiter.

ä	ö	ü

1 Setze die passenden Buchstaben in den Wörtern ein.

Am Ende des Schuljahres bekommen alle Kinder ein Z⬚gnis.

Der Tee ist noch viel zu h⬚ß.

Auf dem Schulhof sind zwei große Sch⬚keln.

H⬚te Nacht hat Karl im Tr⬚m mit einem Drachen gekämpft.

Tomaten schn⬚det man am besten mit ⬚nem scharfen Messer.

Patricia wartet auf ihre Fr⬚ndin Selina.

> *Auch ei, au und eu sind Selbstlaute.*

2 Schreibe die Wörter auf.

ei

au

7

Der Buchstabe **q** wird immer mit einem **u** zusammen geschrieben: **qu** oder **Qu**.

Bilde aus den Silben passende Wörter und setze sie unten ein.
Achtung: Zwei Wörter haben nur eine Silbe.

Quar

flö

drat

le

Qua

Quer

te

Quiz

tett

Qualm

Qual

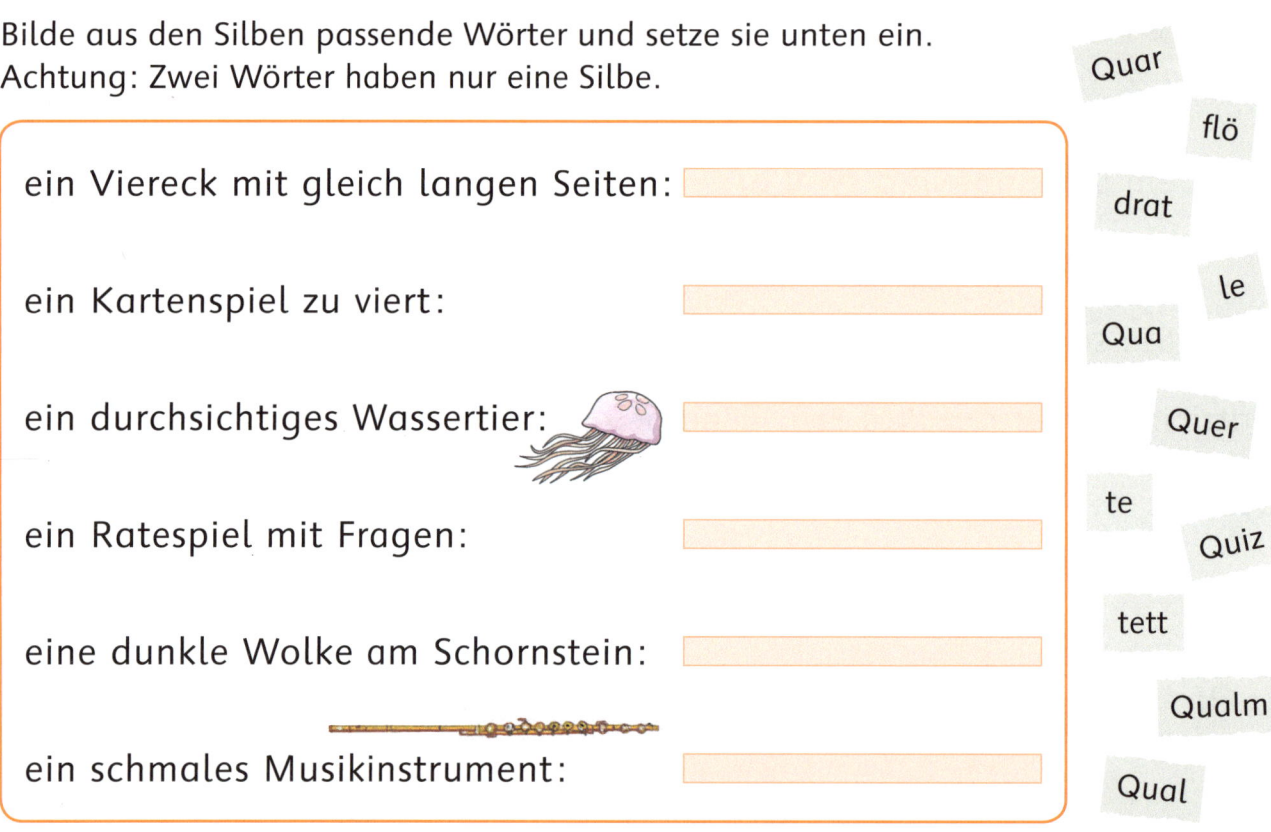

ein Viereck mit gleich langen Seiten:

ein Kartenspiel zu viert:

ein durchsichtiges Wassertier:

ein Ratespiel mit Fragen:

eine dunkle Wolke am Schornstein:

ein schmales Musikinstrument:

In jeder Zeile 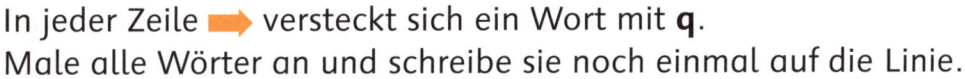 versteckt sich ein Wort mit **q**.
Male alle Wörter an und schreibe sie noch einmal auf die Linie.

Denke daran, Nomen groß zu schreiben.

R	M	A	Q	U	A	T	S	C	H
T	Q	U	E	N	G	E	L	N	P
W	I	Q	U	I	T	T	U	N	G
Q	U	I	E	K	E	N	V	F	D
Q	U	A	T	S	C	H	E	N	W
J	O	V	C	B	Q	U	E	R	W
T	R	B	E	Q	U	E	M	J	O
Q	U	I	E	T	S	C	H	E	N

9

Finde für jeden Satz ein passendes Wort mit **pf**.
Schreibe die Wörter in die Sätze und male alle **pf** an.

Achtung! Das pf am Anfang hört man fast gar nicht!

Zwiebeln brät man am besten in einer _____.

Jeder Schiedsrichter braucht eine laute _____.

In der Küche braucht man oft Salz und _____.

Die Indianer jagten früher mit Bogen und _____.

Auf eine Wunde klebt man meistens ein _____.

Das Fußballtor hat rechts und links zwei _____.

Nach dem Regen sind auf der Straße oft _____.

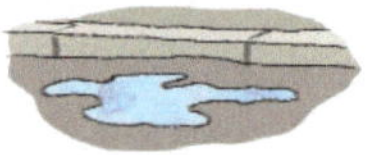

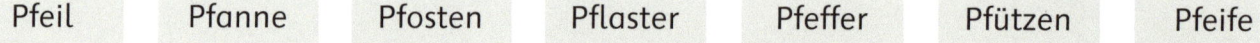

| Pfeil | Pfanne | Pfosten | Pflaster | Pfeffer | Pfützen | Pfeife |

10

Das **pf** ist in vielen Wörtern schwer zu erkennen.
Schreibe die Verben in der richtigen Form in die Sätze.

| knö- |
| klo- |
| käm- |
| tro- | pf | en |
| im- |
| schim- |
| schlü- |

Eben hat jemand an die Tür **geklopft** .

Die Vögel sind aus dem Ei   .

Der Regen ist vom Dach   .

Carina hat ihre Jacke falsch   .

Jonas wurde gegen Masern   .

Zwei Hunde haben miteinander   .

Der Rektor hat mit den Kindern   .

11

In diesem Text sind acht Wörter mit **pf** versteckt.
Male jedes **pf** an und schreibe die Wörter noch einmal auf.

Victor und sein Vater waren zum Fußballspiel gegangen, obwohl Victor starken Schnupfen hatte. Auch seine Hustentropfen hatte er genommen. Trotzdem fühlte sich sein Kopf ganz dumpf an. Nun war das Spiel fast vorbei, und Victor sah mit Herzklopfen, wie der neue Stürmer um den Ball kämpfte und schoss – aber nein! Er traf nur den Pfosten. Da ertönte auch schon der Schlusspfiff.

der

In den Blumen stehen richtige und falsche Wörter.
Male die Blütenblätter mit den richtigen Wörtern an.

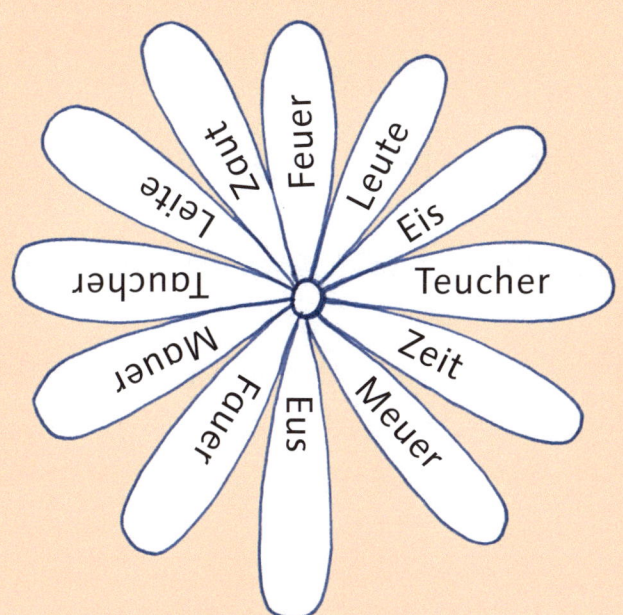

Feuer
Leute
Eis
Teucher
Zeit
Meuer
Eus
Fauer
Mauer
Taucher
Leite
Zaut

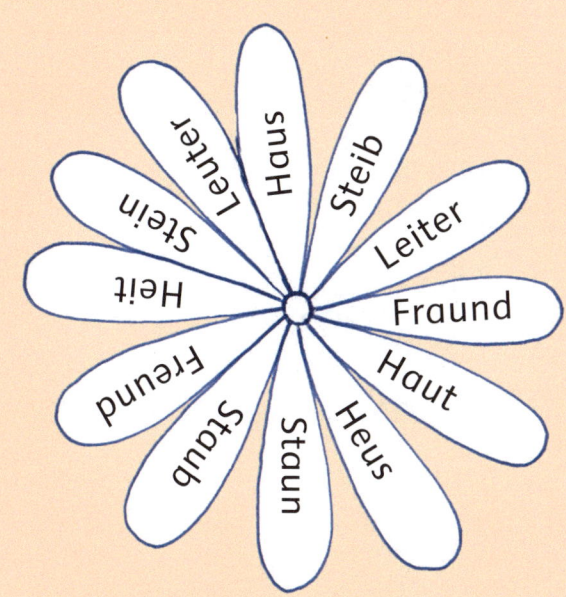

Haus
Steib
Leiter
Fraund
Haut
Heus
Staun
Staub
Freund
Heit
Stein
Leuter

13

Bilde aus den Silben Wörter mit doppeltem Mitlaut.
Schreibe alle Wörter mit Artikel in die Tabelle.

| Tas | Was | Löf | Kaf | Pud | Pfan | Schüs | Tel | But | Sup |

| fel | ding | se | ser | ter | fee | ler | pe | ne | sel |

Das kann man essen oder trinken	Das kann man **nicht** essen oder trinken
das	

1 Hier fehlen die doppelten Mitlaute.
Setze in die Wörter richtig ein: **mm**, **nn** oder **tt**.

Simon, Tobi und Rike sind auf dem Weg in den Wald.

Sie machen einen Ausflug. Es ist schönes We____er

und die So____e scheint. Plötzlich ziehen dunkle

Wolken auf. Der Hi____el verdunkelt sich. Starker

Wind bläst durch die Ta____en. Von ferne hört man

schon leise den Do____er. „Mist, ich glaube, da kommt

ein Gewi____er", ruft Simon.

2 Schreibe die Wörter noch einmal mit Begleiter auf.
Male die doppelten Mitlaute an.

das

Finde Wörter mit doppeltem Mitlaut und dazu immer ein Reimwort.

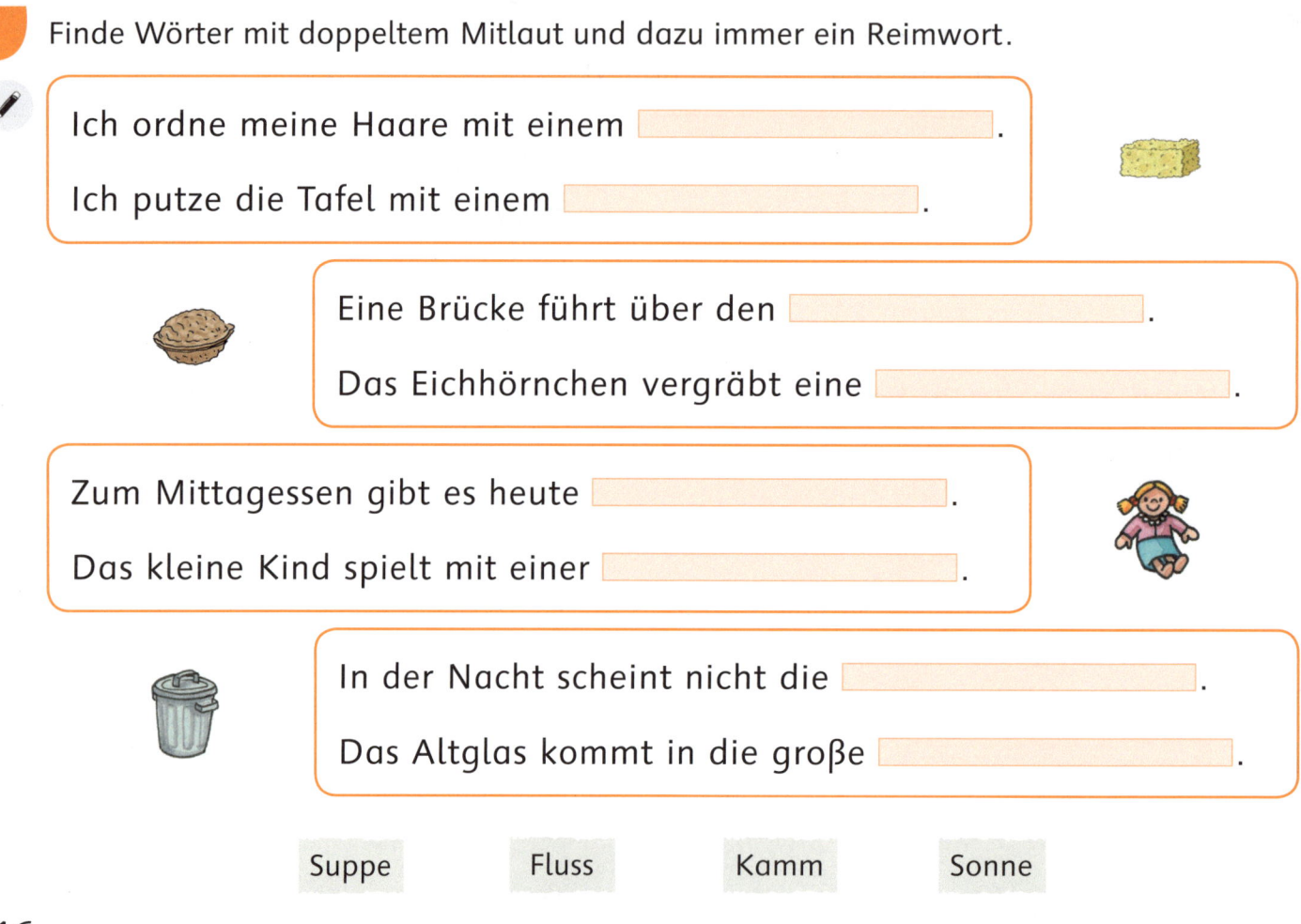

Ich ordne meine Haare mit einem _____.

Ich putze die Tafel mit einem _____.

Eine Brücke führt über den _____.

Das Eichhörnchen vergräbt eine _____.

Zum Mittagessen gibt es heute _____.

Das kleine Kind spielt mit einer _____.

In der Nacht scheint nicht die _____.

Das Altglas kommt in die große _____.

Suppe   Fluss   Kamm   Sonne

16

1 Alle diese Reimwörter haben **ng in der Mitte**.
Schreibe diese Wörter ganz und male das **ng** an.

die Schl␣␣␣␣␣ die St␣␣␣␣␣

die Z␣␣␣␣␣ die Sp␣␣␣␣␣

Auch diese Wörter haben **in der Mitte ng**.

die ␣␣␣␣␣ der ␣␣␣␣␣

2 Bei diesen Wörtern steht das **ng am Ende**.
Finde das richtige Wort und male **ng** an.

Jahreszeit:

Süßer Nachtisch:

Chef der Indianer:

Ganz kleines Baby:

Bunter Falter:

Jemand ohne Mut:

Schmetterling

Säugling

Frühling

Häuptling

Feigling

Pudding

17

1 Alle diese Verben mit **ng in der Mitte** klingen ganz ähnlich.
Ergänze die Grundform und die Personalform.

s[   ]   ich[   ]   du[   ]

br[   ]   ich[   ]   du[   ]

zw[   ]   ich[   ]   du[   ]

spr[   ]   ich[   ]   du[   ]

2 Auch diese Verben haben in der Mitte ein **ng**.
Setze sie in die Sätze ein.

Manche Schlangen können ein ganzes Wildschwein [   ].

Denisa möchte die Ferien bei ihren Großeltern [   ].

Die fertigen Plakate wollen die Kinder gleich [   ].

aufhängen   verschlingen   verbringen

1 Finde das passende Wort mit **nk**.
Schreibe die Mehrzahl dazu.

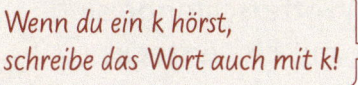Wenn du ein k hörst, schreibe das Wort auch mit k!

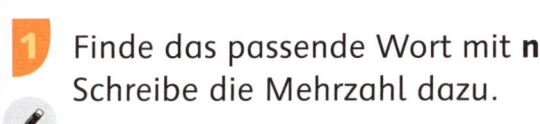

Die Hosen und Pullover sind

im  _____ .   Mehrzahl: _____

Zum Geburtstag bekommt man

ein _____ .   _____

Apfelsaft ist ein gesundes _____ .   _____

Das Knie ist ein wichtiges _____ .   _____

Unsere Oma sitzt gern auf der _____ .   _____

Bank   Getränk   Schrank   Geschenk   Gelenk

19

1 In der Wörterschlange sind Wörter mit **ch** versteckt. Male jedes **ch** an und trenne die Wörter ab.

2 Suche für jeden Satz ein passendes Wort aus der Wörterschlange. Trage es in der richtigen Form ein.

Alicia malt sehr gerne. Es _____ ihr großen Spaß.

Emily will ein Mobile basteln. Dazu _____ sie Papier, Draht und Faden.

Leo hat ein neues Witzebuch. Er liest auf dem Sofa und _____ die ganze Zeit.

Im Wald werden Bäume gefällt. Es _____ immer wieder laut.

Gabriel hat einen Schnorchel bekommen. Heute _____ er zum ersten Mal.

Die kleine Katze hat Angst. Das merkt man daran, dass sie _____ .

20

Unterstreiche im Text alle Wörter mit **ch** und male das **ch** an.
Ordne die Wörter in die Tabelle ein.

Seit einer Woche ist der Teich zugefroren. Ein Mann liegt flach auf dem Bauch und kriecht über das Eis. Er hat ein Loch hineingeschlagen. Dort will er in der Nacht Fische angeln. Er hat einen Eimer mitgebracht. Jetzt hält er sein Gesicht ganz dicht an das Eis. Hoffentlich bricht es nicht.

ch klingt wie in **ich**	ch klingt wie in **ach**

Viel Spaß!

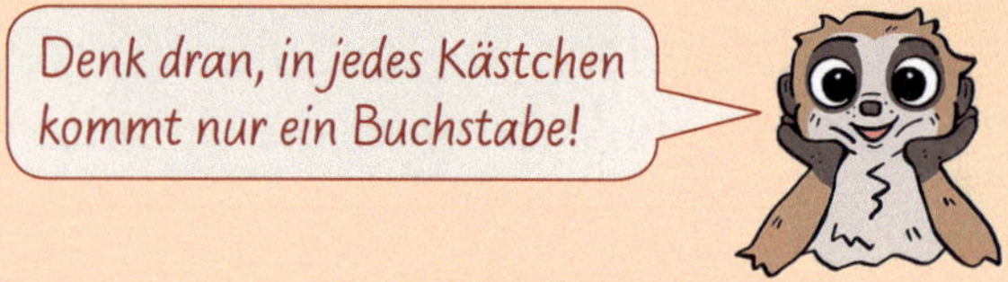

Denk dran, in jedes Kästchen kommt nur ein Buchstabe!

Finde die Tiere mit doppeltem Mitlaut.

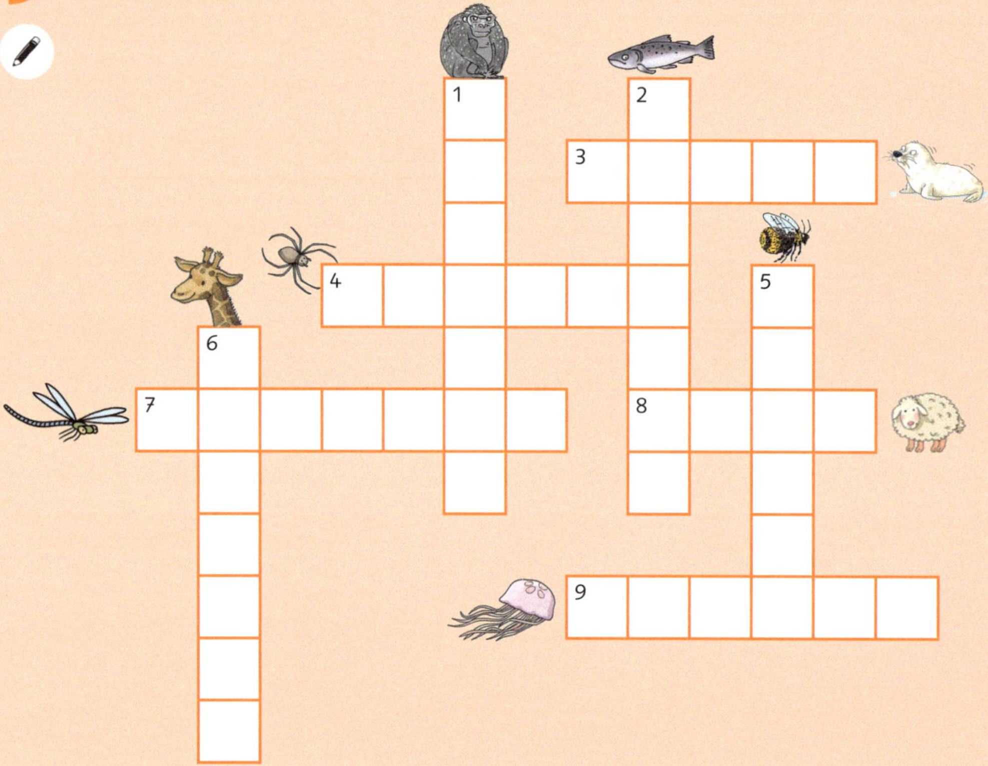

Waagerecht ➡

3. großes Säugetier, das im Meer lebt
4. kleines Tier mit acht Beinen
7. fliegendes Insekt mit langem Hinterleib
8. Tierkind vom Schaf
9. durchsichtiges Wassertier mit Fäden

Senkrecht ⬇

1. großer kräftiger Affe
2. Fisch, der im Bach lebt
5. Verwandte der Bienen
6. Tier mit einem sehr langen Hals

22

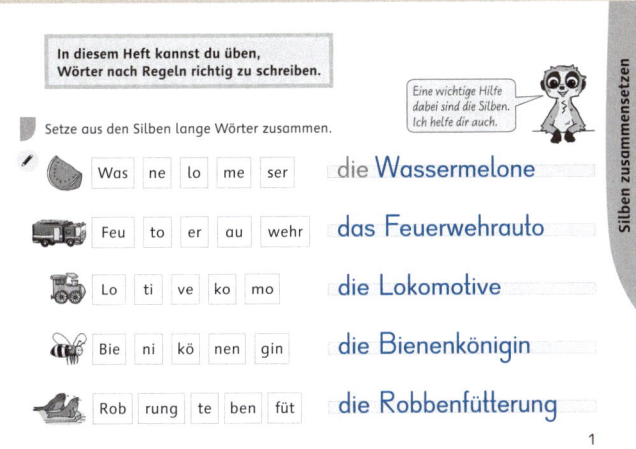

In diesem Heft kannst du üben,
Wörter nach Regeln richtig zu schreiben.

Eine wichtige Hilfe dabei sind die Silben. Ich helfe dir auch.

Silben zusammensetzen

Setze aus den Silben lange Wörter zusammen.

Was	ne	lo	me	ser	die **Wassermelone**
Feu	to	er	au	wehr	das **Feuerwehrauto**
Lo	ti	ve	ko	mo	die **Lokomotive**
Bie	ni	kö	nen	gin	die **Bienenkönigin**
Rob	rung	te	ben	füt	die **Robbenfütterung**

1

Male die Silbenbögen unter die Wörter.

Silbenbögen

Tipp: Sprich beim Lesen laut mit!

Autoreifen   Fußgängerampel

Kleiderbügel   Regenbogenfisch

Regenwolke   Marmeladenglas

Wasserfarben   Wasserschildkröte

Gummibärchen   Mandarinenkern

2

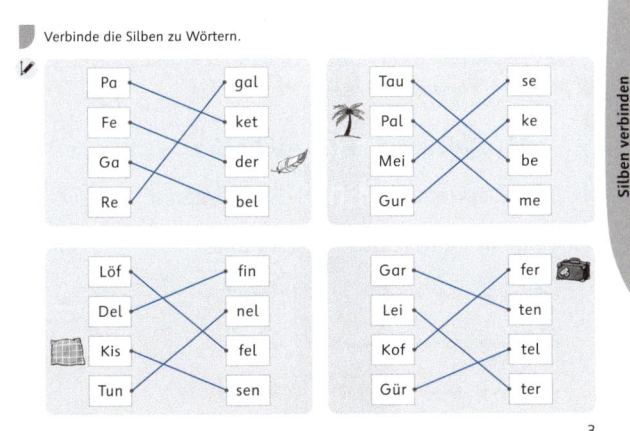

Verbinde die Silben zu Wörtern.

Silben verbinden

Pa — gal
Fe — ket
Ga — der
Re — bel

Tau — se
Pal — ke
Mei — be
Gur — me

Löf — fin
Del — nel
Kis — fel
Tun — sen

Gar — fer
Lei — ten
Kof — tel
Gür — ter

3

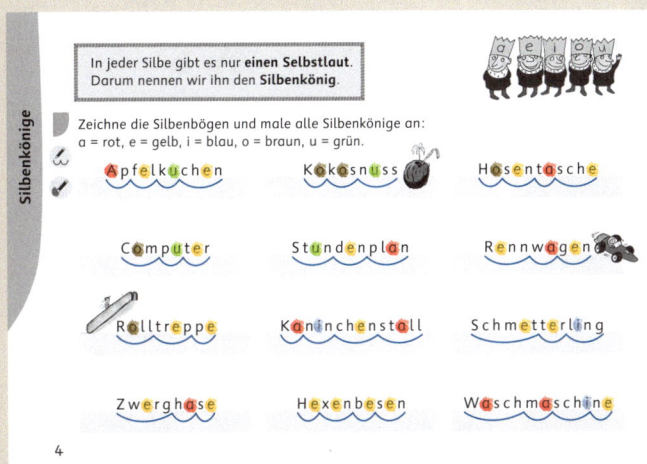

In jeder Silbe gibt es nur **einen Selbstlaut.**
Darum nennen wir ihn den **Silbenkönig.**

Silbenkönige

Zeichne die Silbenbögen und male alle Silbenkönige an:
a = rot, e = gelb, i = blau, o = braun, u = grün.

Apfelkuchen   Kokosnuss   Hosentasche

Computer   Stundenplan   Rennwagen

Rolltreppe   Kaninchenstall   Schmetterling

Zwerghase   Hexenbesen   Waschmaschine

4

23

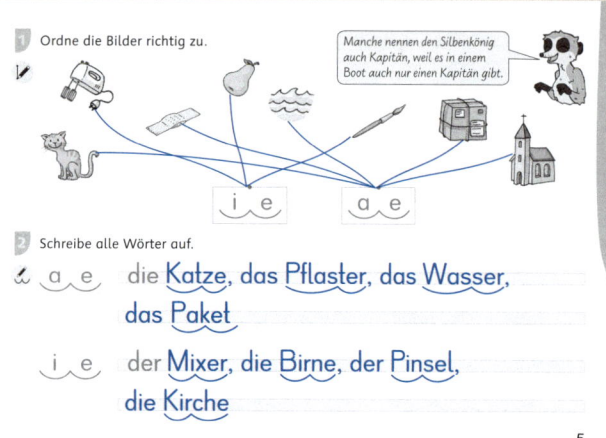

1 Ordne die Bilder richtig zu.

Manche nennen den Silbenkönig auch Kapitän, weil es in einem Boot auch nur einen Kapitän gibt.

i e   a e

2 Schreibe alle Wörter auf.

a e   die Katze, das Pflaster, das Wasser, das Paket

i e   der Mixer, die Birne, der Pinsel, die Kirche

5

Male alle Wörter mit **ä**, **ö** oder **ü** an.
Schreibe sie in die Tabelle.

In dem großen Gehege im Zoo gibt es zwölf Löwen. In der Nähe ist eine Wiese mit einem Bach, wo fünf süße Bären herumlaufen. Zwei Mädchen wollen Äpfel über den Zaun werfen. „Bitte nicht füttern", ruft ihnen plötzlich ein Wärter zu. Die beiden drehen sich schnell um und hüpfen fröhlich weiter.

ä	ö	ü
Nähe	zwölf	fünf
Bären	Löwen	süße
Äpfel	plötzlich	füttern
Wörter	fröhlich	hüpfen

6

---

1 Setze die passenden Buchstaben in den Wörtern ein.

Am Ende des Schuljahres bekommen alle Kinder ein Z eu gnis.

Der Tee ist noch viel zu h ei ß.

Auf dem Schulhof sind zwei große Sch   keln.

Auch ei, au und eu sind Selbstlaute.

H eu te Nacht hat Karl im Tr au m mit einem Drachen gekämpft.

Tomaten schn ei det man am besten mit ei nem scharfen Messer.

Patricia wartet auf ihre Fr eu ndin Selina.

2 Schreibe die Wörter auf.

ei   Leiter   Mauer
     Kleid   Schaufel   au
     Schwein   Taucher

7

Der Buchstabe **q** wird immer mit einem **u** zusammen geschrieben: **qu** oder **Qu**.

Bilde aus den Silben passende Wörter und setze sie unten ein.
Achtung: Zwei Wörter haben nur eine Silbe.

ein Viereck mit gleich langen Seiten:	Quadrat
ein Kartenspiel zu viert:	Quartett
ein durchsichtiges Wassertier:	Qualle
ein Ratespiel mit Fragen:	Quiz
eine dunkle Wolke am Schornstein:	Qualm
ein schmales Musikinstrument:	Querflöte

Quar
flö
drat
le
Qua
Quer
te
Quiz
tett
Qualm
Qual

8

Page 9

In jeder Zeile ➡ versteckt sich ein Wort mit **q**.
Male alle Wörter an und schreibe sie noch einmal auf die Linie.

Denke daran, Nomen groß zu schreiben.

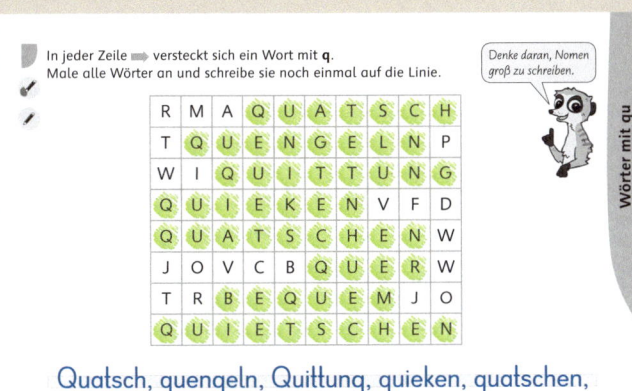

R	M	A	Q	U	A	T	S	C	H
T	Q	U	E	N	G	E	L	N	P
W	I	Q	U	I	T	T	U	N	G
Q	U	I	E	K	E	N	V	F	D
Q	U	A	T	S	C	H	E	N	W
J	O	V	C	B	Q	U	E	R	W
T	R	B	E	Q	U	E	M	J	O
Q	U	I	E	T	S	C	H	E	N

Quatsch, quengeln, Quittung, quieken, quatschen,
quer, bequem, quietschen

9

Page 10

Finde für jeden Satz ein passendes Wort mit **pf**.
Schreibe die Wörter in die Sätze und male alle **pf** an.

Achtung! Das pf am Anfang hört man fast gar nicht!

Zwiebeln brät man am besten in einer **Pfanne** .

Jeder Schiedsrichter braucht eine laute **Pfeife** .

In der Küche braucht man oft Salz und **Pfeffer** .

Die Indianer jagten früher mit Bogen und **Pfeil** .

Auf eine Wunde klebt man meistens ein **Pflaster** .

Das Fußballtor hat rechts und links zwei **Pfosten** .

Nach dem Regen sind auf der Straße oft **Pfützen** .

| Pfeil | Pfanne | Pfosten | Pflaster | Pfeffer | Pfützen | Pfeife |

10

Page 11

Das **pf** ist in vielen Wörtern schwer zu erkennen.
Schreibe die Verben in der richtigen Form in die Sätze.

knö-
klo-
käm-
tro- **pf** en
im-
schim-
schlü-

Eben hat jemand an die Tür **geklopft** .

Die Vögel sind aus dem Ei **geschlüpft** .

Der Regen ist vom Dach **getropft** .

Carina hat ihre Jacke falsch **geknöpft** .

Jonas wurde gegen Masern **geimpft** .

Zwei Hunde haben miteinander **gekämpft** .

Der Rektor hat mit den Kindern **geschimpft** .

11

Page 12

In diesem Text sind acht Wörter mit **pf** versteckt.
Male jedes **pf** an und schreibe die Wörter noch einmal auf.

Victor und sein Vater waren zum Fußballspiel gegangen, obwohl Victor starken Schnupfen hatte. Auch seine Hustentropfen hatte er genommen. Trotzdem fühlte sich sein Kopf ganz dumpf an. Nun war das Spiel fast vorbei, und Victor sah mit Herzklopfen, wie der neue Stürmer um den Ball kämpfte und schoss – aber nein! Er traf nur den Pfosten. Da ertönte auch schon der Schlusspfiff.

der Schnupfen, die Hustentropfen, der Kopf,
dumpf, das Herzklopfen, kämpfte, der Pfosten,
der Schlusspfiff

12

In den Blumen stehen richtige und falsche Wörter.
Male die Blütenblätter mit den richtigen Wörtern an.

Viel Spaß!

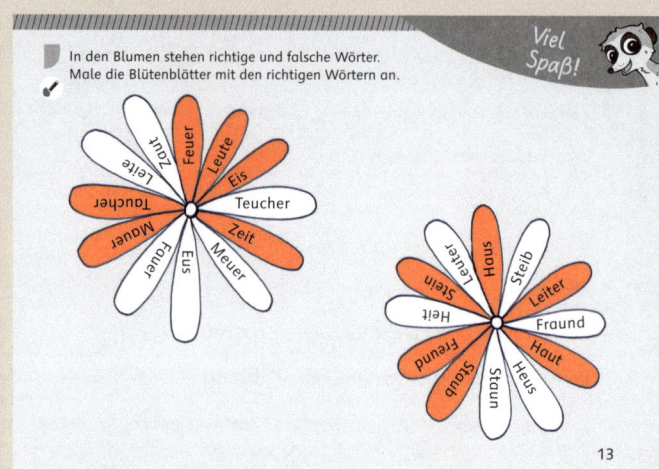

Bilde aus den Silben Wörter mit doppeltem Mitlaut.
Schreibe alle Wörter mit Artikel in die Tabelle.

Tas	Was	Löf	Kaf	Pud	Pfan	Schüs	Tel	But	Sup
fel	ding	se	ser	ter	fee	ler	pe	ne	sel

Das kann man essen oder trinken	Das kann man nicht essen oder trinken
das Wasser	der Löffel
der Kaffee	die Tasse
der Pudding	die Pfanne
die Butter	die Schüssel
die Suppe	der Teller

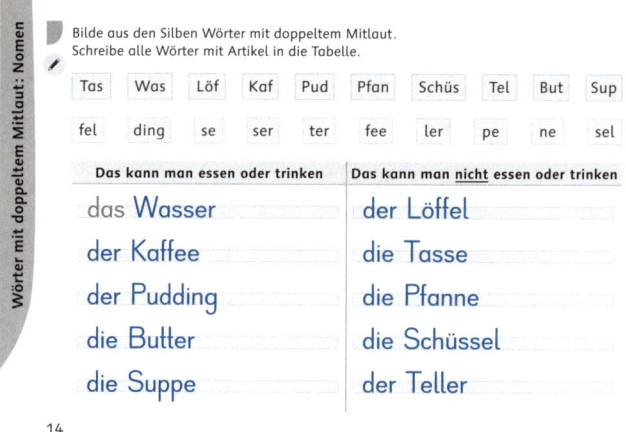

1 Hier fehlen die doppelten Mitlaute.
Setze in die Wörter richtig ein: **mm**, **nn** oder **tt**.

Simon, Tobi und Rike sind auf dem Weg in den Wald.
Sie machen einen Ausflug. Es ist schönes We **tt** er
und die So **nn** e scheint. Plötzlich ziehen dunkle
Wolken auf. Der Hi **mm** el verdunkelt sich. Starker
Wind bläst durch die Ta **nn** en. Von ferne hört man
schon leise den Do **nn** er. „Mist, ich glaube, da kommt
ein Gewi **tt** er", ruft Simon.

2 Schreibe die Wörter noch einmal mit Begleiter auf.
Male die doppelten Mitlaute an.

das Wetter, die Sonne, der Himmel, die Tannen,
der Donner, das Gewitter

Finde Wörter mit doppeltem Mitlaut und dazu immer ein Reimwort.

Ich ordne meine Haare mit einem Kamm .
Ich putze die Tafel mit einem Schwamm .

Eine Brücke führt über den Fluss .
Das Eichhörnchen vergräbt eine Nuss .

Zum Mittagessen gibt es heute Suppe .
Das kleine Kind spielt mit einer Puppe .

In der Nacht scheint nicht die Sonne .
Das Altglas kommt in die große Tonne .

| Suppe | Fluss | Kamm | Sonne |

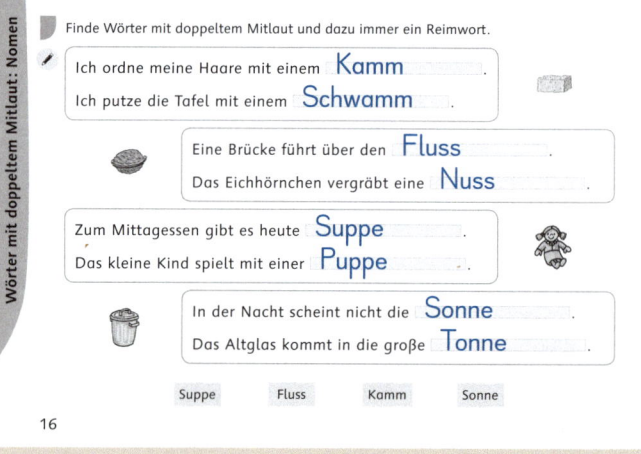

13

14

15

16

26

Card 17

1 Alle diese Reimwörter haben **ng in der Mitte**.
Schreibe diese Wörter ganz und male das **ng** an.

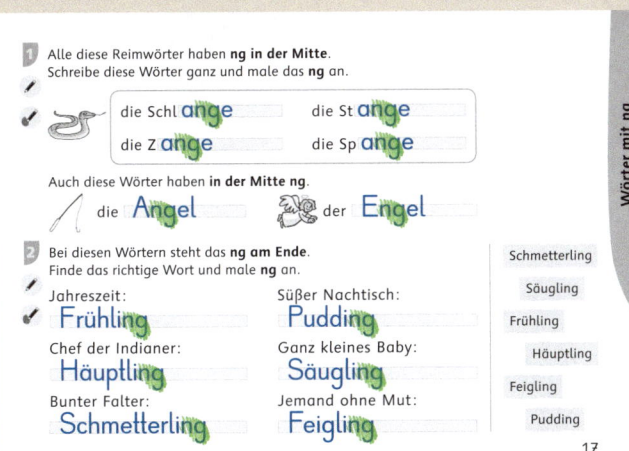

die Schl**ange**   die St**ange**

die Z**ange**   die Sp**ange**

Auch diese Wörter haben **in der Mitte ng**.

die **Angel**   der **Engel**

2 Bei diesen Wörtern steht das **ng am Ende**.
Finde das richtige Wort und male **ng** an.

Jahreszeit:
Frühling

Süßer Nachtisch:
Pudding

Chef der Indianer:
Häuptling

Ganz kleines Baby:
Säugling

Bunter Falter:
Schmetterling

Jemand ohne Mut:
Feigling

Schmetterling
Säugling
Frühling
Häuptling
Feigling
Pudding

17

Card 18

1 Alle diese Verben mit **ng in der Mitte** klingen ganz ähnlich.
Ergänze die Grundform und die Personalform.

s**ingen**   ich **singe**   du **singst**

br**ingen**   ich **bringe**   du **bringst**

zw**ingen**   ich **zwinge**   du **zwingst**

spr**ingen**   ich **springe**   du **springst**

2 Auch diese Verben haben in der Mitte ein **ng**.
Setze sie in die Sätze ein.

Manche Schlangen können ein ganzes Wildschwein **verschlingen**.

Denisa möchte die Ferien bei ihren Großeltern **verbringen**.

Die fertigen Plakate wollen die Kinder gleich **aufhängen**.

aufhängen   verschlingen   verbringen

18

Card 19

1 Finde das passende Wort mit **nk**.
Schreibe die Mehrzahl dazu.

Wenn du ein k hörst, schreibe das Wort auch mit k!

Die Hosen und Pullover sind
im **Schrank**.

Mehrzahl:
Schränke

Zum Geburtstag bekommt man
ein **Geschenk**.

Geschenke

Apfelsaft ist ein gesundes **Getränk**.

Getränke

Das Knie ist ein wichtiges **Gelenk**.

Gelenke

Unsere Oma sitzt gern auf der **Bank**.

Bänke

Bank   Getränk   Schrank   Geschenk   Gelenk

19

Card 20

1 In der Wörterschlange sind Wörter mit **ch** versteckt.
Male jedes **ch** an und trenne die Wörter ab.

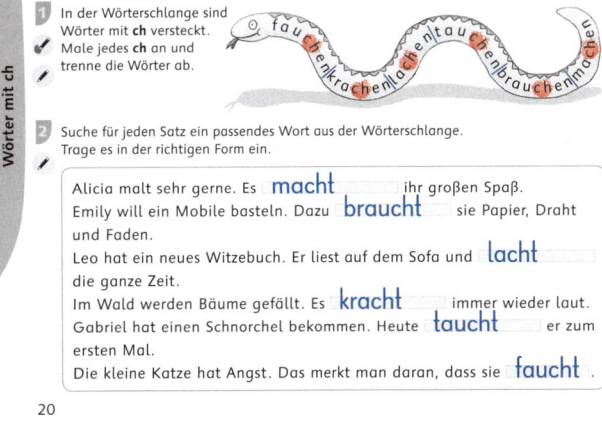

faulenbrauchenlachenkrachentauchenmachen

2 Suche für jeden Satz ein passendes Wort aus der Wörterschlange.
Trage es in der richtigen Form ein.

Alicia malt sehr gerne. Es **macht** ihr großen Spaß.

Emily will ein Mobile basteln. Dazu **braucht** sie Papier, Draht und Faden.

Leo hat ein neues Witzebuch. Er liest auf dem Sofa und **lacht** die ganze Zeit.

Im Wald werden Bäume gefällt. Es **kracht** immer wieder laut.

Gabriel hat einen Schnorchel bekommen. Heute **taucht** er zum ersten Mal.

Die kleine Katze hat Angst. Das merkt man daran, dass sie **faucht**.

20

Worksheet 21

Unterstreiche im Text alle Wörter mit **ch** und male das **ch** an.
Ordne die Wörter in die Tabelle ein.

Seit einer Woche ist der Teich zugefroren. Ein Mann liegt flach auf dem Bauch und kriecht über das Eis. Er hat ein Loch hineingeschlagen. Dort will er in der Nacht Fische angeln. Er hat einen Eimer mitgebracht. Jetzt hält er sein Gesicht ganz dicht an das Eis. Hoffentlich bricht es nicht.

ch klingt wie in **ich**	ch klingt wie in **ach**
Teich, kriecht, Gesicht, dicht, hoffentlich, bricht, nicht	Woche, flach, Bauch, Loch, Nacht, mitgebracht

Wörter mit ch

21

Worksheet 22

Denk dran, in jedes Kästchen kommt nur ein Buchstabe!

Finde die Tiere mit doppeltem Mitlaut.

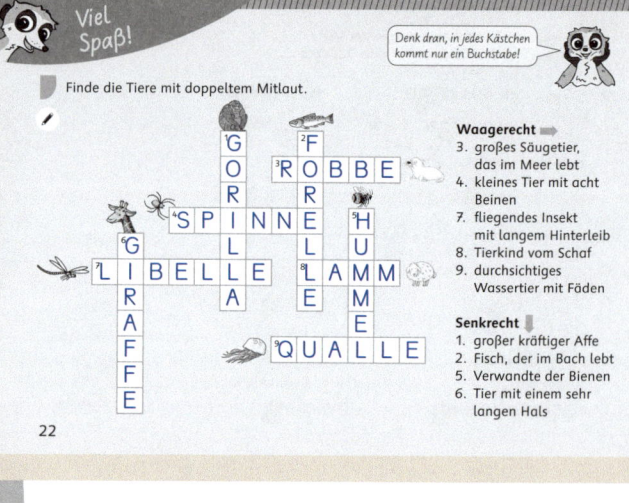

Waagerecht
3. großes Säugetier, das im Meer lebt
4. kleines Tier mit acht Beinen
7. fliegendes Insekt mit langem Hinterleib
8. Tierkind vom Schaf
9. durchsichtiges Wassertier mit Fäden

Senkrecht
1. großer kräftiger Affe
2. Fisch, der im Bach lebt
5. Verwandte der Bienen
6. Tier mit einem sehr langen Hals

Crossword answers: GORILLA, FORELLE, ROBBE, SPINNE, HUMME(L), GIRAFFE, LIBELLE, LAMM, QUALLE

22

Worksheet 35

Finde in jeder Linie ein Verb mit **tz**.
Schreibe alle Verben in die Silbenbögen.
Achte darauf, **t** und **z** zu trennen.

Nach einem kurzen Selbstlaut schreibt man tz.

F	R	K	R	A	T	Z	E	N	I	L
S	C	H	W	I	T	Z	E	N	P	D
E	S	I	T	Z	E	N	K	O	L	Z
L	I	M	T	P	U	T	Z	E	N	Z
S	A	L	S	C	H	Ü	T	Z	E	N
S	P	R	I	T	Z	E	N	M	G	Z
Z	H	N	Ü	T	Z	E	N	D	U	R
A	F	L	I	T	Z	E	N	T	R	E

krat – zen
schwit – zen
sit – zen
put – zen
schüt – zen
sprit – zen
nüt – zen
flit – zen

Wörter mit tz

35

Worksheet 36

tz steht **nie** nach den Buchstaben **l**, **n** und **r**.

Nach l, n, r – das merk dir ja – steht nie tz und nie ck!

1 Ordne die Buchstaben richtig und finde die Wörter heraus.

r e H z → das **Herz**   z l o H → das **Holz**
S z l a → das **Salz**   z l P i → der **Pilz**

2 Übe noch mehr Wörter mit **einfachem z** nach den Buchstaben **l**, **n** oder **r**.
Ordne die Buchstaben und schreibe die Wörter richtig.

Der erste Frühlingsmonat ist der ÄZRM **März**.
Der Königssohn im Märchen ist ein PNRZI **Prinz**.
Eine Braut trägt manchmal auf dem Kopf einen KRZAN **Kranz**.
Hunde wedeln oft vor Freude mit dem SCHZNWA **Schwanz**.
Das Fell der Tiere nennt man manchmal auch LZPE **Pelz**.

Wörter mit tz, nz und rz

36

28

Panel 37

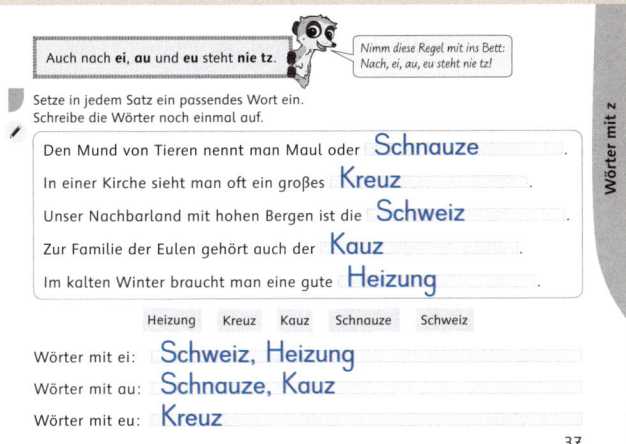

Auch nach **ei**, **au** und **eu** steht **nie tz**.

Nimm diese Regel mit ins Bett:
Nach, ei, au, eu steht nie tz!

Setze in jedem Satz ein passendes Wort ein.
Schreibe die Wörter noch einmal auf.

Den Mund von Tieren nennt man Maul oder **Schnauze**.

In einer Kirche sieht man oft ein großes **Kreuz**.

Unser Nachbarland mit hohen Bergen ist die **Schweiz**.

Zur Familie der Eulen gehört auch der **Kauz**.

Im kalten Winter braucht man eine gute **Heizung**.

Heizung   Kreuz   Kauz   Schnauze   Schweiz

Wörter mit ei: **Schweiz, Heizung**

Wörter mit au: **Schnauze, Kauz**

Wörter mit eu: **Kreuz**

Wörter mit z

37

Panel 38

Setze die Verben zusammen.
Finde zu jedem Verb ein passendes Nomen.

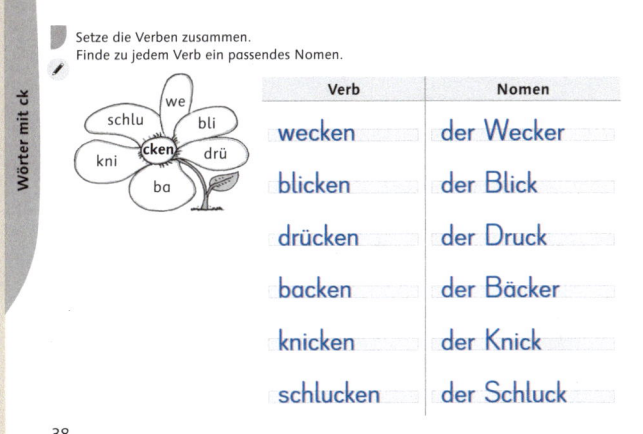

Wörter mit ck

Verb	Nomen
wecken	der Wecker
blicken	der Blick
drücken	der Druck
backen	der Bäcker
knicken	der Knick
schlucken	der Schluck

38

Panel 39

Bilde Verben und ordne sie richtig ein.

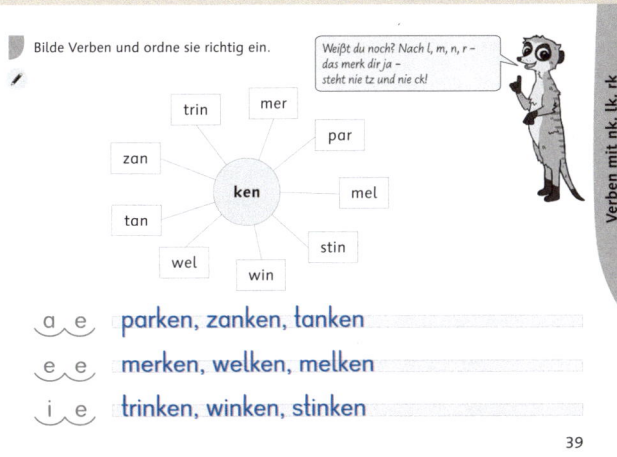

Weißt du noch? Nach l, m, n, r –
das merk dir ja –
steht nie tz und nie ck!

Verben mit nk, lk, rk

a e **parken, zanken, tanken**

e e **merken, welken, melken**

i e **trinken, winken, stinken**

39

Panel 40

Viel Spaß!

Finde den Zug, in dem nur Dinge mit **tz** mitfahren.

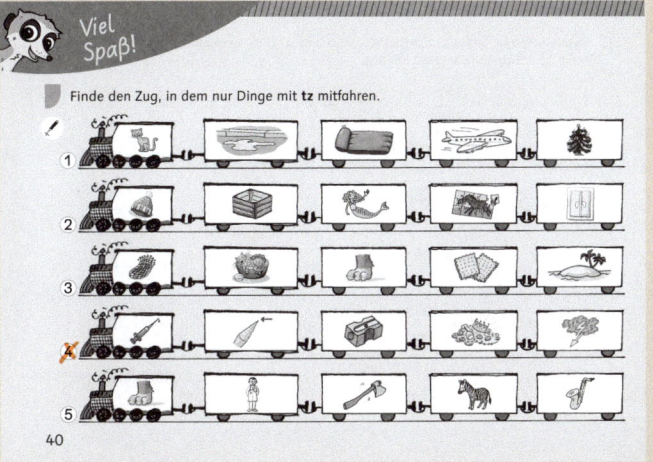

40

29

1 In der Schlange haben sich sechs Verben versteckt. Trenne sie ab.

RENNENBITTENSTELLENROLLENTIPPENHOFFEN

2 Schreibe alle Verben in der Grundform, in der ich-Form und in der du-Form auf. Male die doppelten Mitlaute an.

Grundform	ich-Form	du-Form
rennen	ich renne	du rennst
bitten	ich bitte	du bittest
stellen	ich stelle	du stellst
rollen	ich rolle	du rollst
tippen	ich tippe	du tippst
hoffen	ich hoffe	du hoffst

41

Finde für jedes Verb die passenden Silben. Schreibe alle Verben in der ich-Form auf. Male den doppelten Mitlaut an.

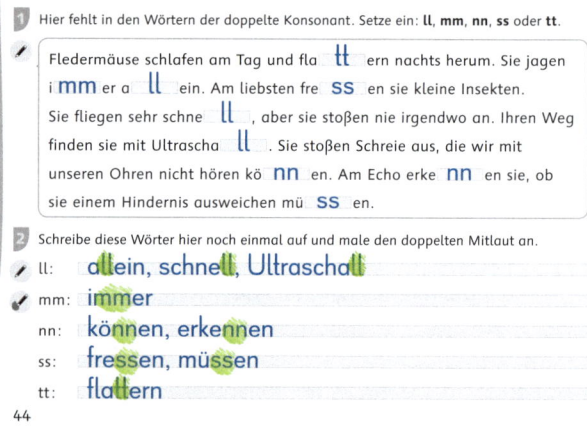

fas   kom   las   schwim

sum   küs   es   käm

men   sen

ich summe, ich fasse, ich küsse, ich komme,
ich esse, ich lasse, ich kämme, ich schwimme

42

Wähle in jedem Satz das richtige Wort aus und schreibe es noch einmal auf. Male den doppelten Mitlaut bunt an.

Samira und Nils ~~kennen~~ / können sehr gut singen.   **können**

Sergio und Camilla ~~rennen~~ / ~~retten~~ um die Wette.   **rennen**

Olga und Patrick ~~rollen~~ / wollen ihr Frühstücksbrot tauschen.   **wollen**

Daniel und Nora müssen / ~~wissen~~ ihre Hefte noch abgeben.   **müssen**

Ariana und Timo ~~flattern~~ / klettern über den Zaun.   **klettern**

Bodo und Natascha schwimmen / ~~schwellen~~ am schnellsten.   **schwimmen**

43

1 Hier fehlt in den Wörtern der doppelte Konsonant. Setze ein: **ll**, **mm**, **nn**, **ss** oder **tt**.

Fledermäuse schlafen am Tag und fla **tt** ern nachts herum. Sie jagen i **mm** er a **ll** ein. Am liebsten fre **ss** en sie kleine Insekten. Sie fliegen sehr schne **ll** , aber sie stoßen nie irgendwo an. Ihren Weg finden sie mit Ultrascha **ll** . Sie stoßen Schreie aus, die wir mit unseren Ohren nicht hören kö **nn** en. Am Echo erke **nn** en sie, ob sie einem Hindernis ausweichen mü **ss** en.

2 Schreibe diese Wörter hier noch einmal auf und male den doppelten Mitlaut an.

ll: **allein, schnell, Ultraschall**

mm: **immer**

nn: **können, erkennen**

ss: **fressen, müssen**

tt: **flattern**

44

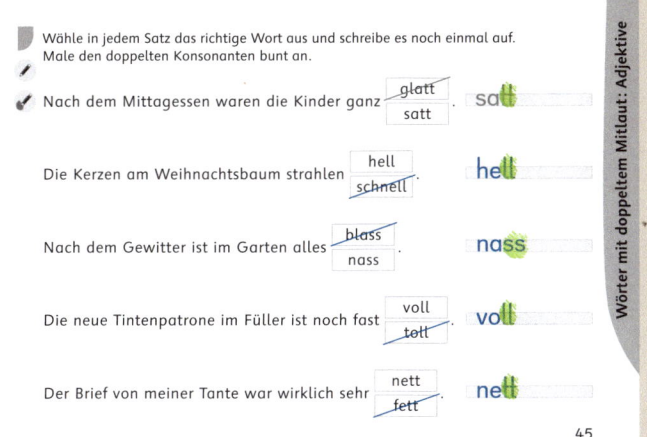

Wähle in jedem Satz das richtige Wort aus und schreibe es noch einmal auf.
Male den doppelten Konsonanten bunt an.

Nach dem Mittagessen waren die Kinder ganz ~~glatt~~ / satt.   **satt**

Die Kerzen am Weihnachtsbaum strahlen hell / ~~schnell~~.   **hell**

Nach dem Gewitter ist im Garten alles ~~blass~~ / nass.   **nass**

Die neue Tintenpatrone im Füller ist noch fast voll / ~~toll~~.   **voll**

Der Brief von meiner Tante war wirklich sehr nett / ~~fett~~.   **nett**

45

Immer wenn du **scht** hörst oder sprichst, schreibst du **st** oder **St**.

1 Finde die Nomen mit **St** am Anfang und kreise sie ein.

FCG(STEIN)HGAZ(STIEFEL)OK(STUNDE)FPR(STREIFEN)AMTGÜ(STAPEL)
NI(STIFT)WRASD(STADT)HJF(STERN)BPL(STÄNGEL)SLU(STEMPEL)BA

2 Schreibe nur die Mehrzahl der Wörter auf.
Bei fünf Wörtern klingt die Mehrzahl genau wie die Einzahl.

Mehrzahl klingt anders als Einzahl	Mehrzahl klingt genau wie Einzahl
die Steine	die Stiefel
die Stunden	die Streifen
die Stifte	die Stapel
die Städte	die Stängel
die Sterne	die Stempel

46

Unterstreiche in allen Sätzen das Verb mit **st**.
Schreibe es in der Grundform und in der ich-Form auf.

	Grundform	ich-Form
Der Radfahrer stürzt in der Kurve.	stürzen	ich stürze
Franca streut den Vögeln Futter hin.	streuen	ich streue
Martin staunt über das schöne Geschenk.	staunen	ich staune
Der Handwerker stellt die Leiter hin.	stellen	ich stelle
Der ICE stoppt schon vor dem Bahnhof.	stoppen	ich stoppe
Nicolai steigt die Treppe hoch.	steigen	ich steige
Das Baby strampelt in seinem Wagen.	strampeln	ich strample
Der Schwimmer stößt sich kräftig ab.	stoßen	ich stoße

47

Immer wenn du **schp** hörst oder sprichst, schreibst du **sp** oder **Sp**.

Finde das passende Wort und schreibe es in die Linien.

Ein Land in Europa mit gelb-roter Fahne heißt **Spanien**

Ein Gegenstand, in dem du dich selber siehst, ist ein **Spiegel**

Ein Fußabdruck im Schnee oder im Sand ist eine **Spur**

Eine Tätigkeit mit viel Bewegung heißt **Sport**

Eine kleine Klammer in den Haaren heißt **Spange**

Ein Vogel, der an die Bäume hämmert, ist der **Specht**

Eine Kurve, die zur Mitte immer enger wird, nennt man **Spion**

Ein Mensch, der heimlich Dinge herausfindet, ist ein **Spirale**

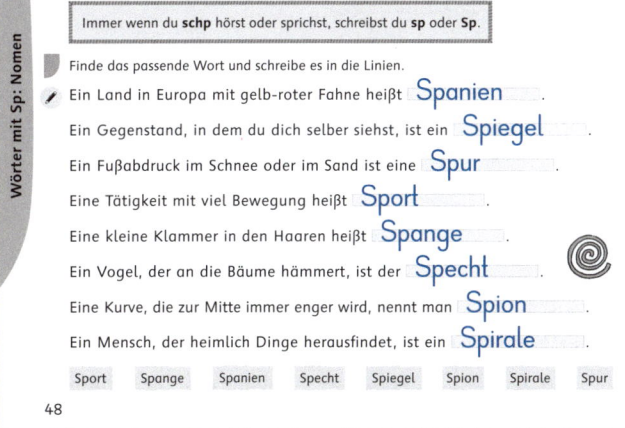

Sport   Spange   Spanien   Specht   Spiegel   Spion   Spirale   Spur

48

1 Immer zwei Verben mit **sp** klingen fast gleich. Setze das richtige Verb ein.

Die Kinder wollen am liebsten im Garten **spielen** .

Wir müssen noch das Geschirr **spülen** .

springen

spitzen

Jens will mit dem Gartenschlauch Wasser **spritzen** .

Am Wochenende möchte ich meine Stifte **spitzen** .

spielen

sprengen

Dimitri will heute vom Sprungturm **springen** .

Die Bankräuber wollen den Panzerschrank **sprengen** .

spülen

spritzen

2 Schreibe die fehlenden Verbformen dazu.

Grundform	ich-Form	du-Form
sprechen	ich spreche	du sprichst
sperren	ich sperre	du sperrst
spenden	ich spende	du spendest

49

Wörter mit **langem i** schreibt man meistens mit **ie**.

Unterstreiche alle Wörter mit **ie** und male das **ie** an. Ordne sie unten richtig ein.

Ein großer Teil unseres Papiers wird aus Altpapier hergestellt. Es wird zuerst gereinigt und sortiert, dann schieben Greifarme es auf ein Fließband. Danach wird es klein gehackt und mit viel Wasser vermischt. Dieser Brei wird noch mal gewaschen und auf einem Sieb getrocknet. Danach kann man es wiederverwenden.

Nomen:

das Papier, das Altpapier, das Fließband, das Sieb

Andere Wörter:

sortiert, schieben, viel, dieser, wieder

50

Bilde Verben und schreibe sie in die Tabelle.

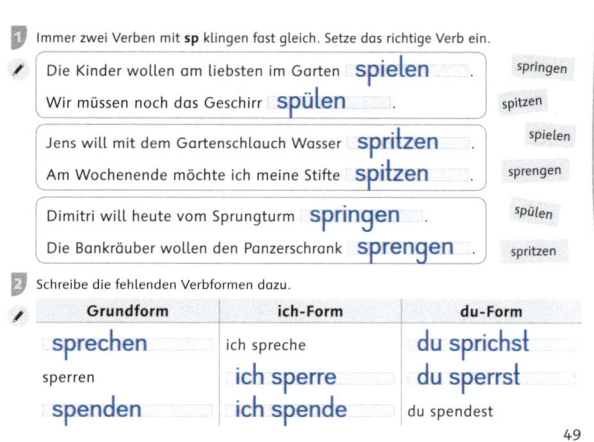

Grundform	ich-Form	Grundform	er-Form
verlieren	ich verliere	fließen	er fließt
gratulieren	ich gratuliere	schießen	er schießt
probieren	ich probiere	gießen	er gießt
spazieren	ich spaziere	schließen	er schließt

51

1 Unterstreiche in allen Sätzen das Verb in der Vergangenheit.

Besonders oft findet man das ie in der Vergangenheitsform.

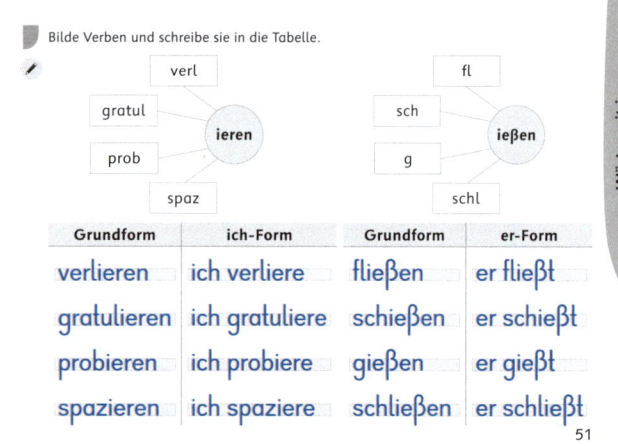

Dennis schlief in den Ferien zum ersten Mal im Zelt. **schlief**

Ricardo fiel beim Spielen mit Schwung auf sein Knie. **fiel**

Die neue Schülerin Anna blieb vorsichtig an der Tür stehen. **blieb**

Beim Spaziergang rief die Mutter laut nach dem Hund. **rief**

Beim Sportfest lief Patrick die **75** Meter so schnell wie noch nie. **lief**

Vanessa stieg ganz vorsichtig die steile Treppe hinauf. **stieg**

2 Schreibe die Verben mit der passenden Form der Gegenwart in die Tabelle.

Vergangenheit	Gegenwart	Vergangenheit	Gegenwart
er schlief	er schläft	sie rief	sie ruft
er fiel	er fällt	er lief	er läuft
sie blieb	sie bleibt	sie stieg	sie steigt

52

Das kann ich schon!

1 Ergänze in jedem Satz ein Wort mit **ch**. Die Wörter in jedem Kasten sind Reimwörter.

Wer nicht stark ist, der ist **schwach**.
Wer nicht schläft, der ist **wach**.

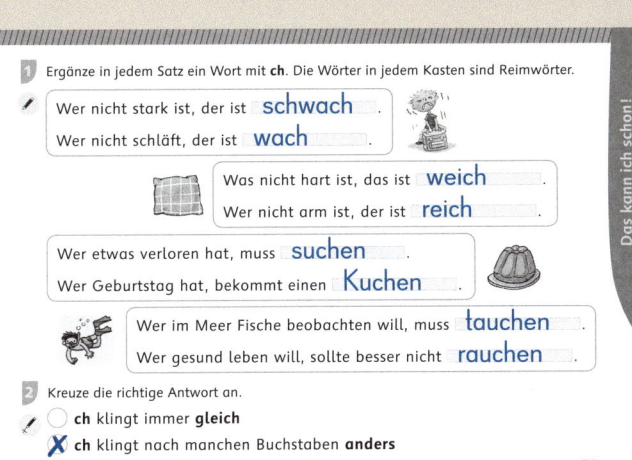

Was nicht hart ist, das ist **weich**.
Wer nicht arm ist, der ist **reich**.

Wer etwas verloren hat, muss **suchen**.
Wer Geburtstag hat, bekommt einen **Kuchen**.

Wer im Meer Fische beobachten will, muss **tauchen**.
Wer gesund leben will, sollte besser nicht **rauchen**.

2 Kreuze die richtige Antwort an.

◯ ch klingt immer **gleich**
✗ ch klingt nach manchen Buchstaben **anders**

53

Das kann ich schon!

1 Kreuze an, was richtig ist.

Nach den Buchstaben **l**, **n** und **r**
◯ kommt immer ein **tz**.   ✗ kommt nie ein **tz**.

Der Selbstlaut vor einem **tz** ist ◯ lang   ✗ kurz.

2 Entscheide bei jedem Wort, ob du **tz** oder **z** einsetzen musst.

Die Ka**tz**e si**tz**t auf ihrem Pla**tz** an der Hei**z**ung.

Bei Hi**tz**e wird die Hundeschnau**z**e gan**z** trocken.

Im Winter ist eine Mü**tz**e ein guter Schu**tz** gegen die Kälte.

Die Piraten haben ihren Scha**tz** verteidigt.

Im Wald kann man gut Wur**z**eln und Pil**z**e sammeln.

Danach müssen wir den Schmu**tz** von den Füßen kra**tz**en.

54

Das kann ich schon!

1 Ergänze im Text bei den Wörtern **St/st** oder **Sp/sp** am Anfang.

Jasmin und Linda **sp**ielen ein **sp**annendes **Sp**iel. Sie haben
mit einem **sp**itzen **St**ock eine **Sp**irale auf den Boden gemalt
und kleine **St**eine hineingeworfen. Jetzt **sp**ringen sie auf einem Bein
über die **St**eine. Sie dürfen nicht daran **st**oßen und nicht **st**olpern.
Man muss dabei **st**ill sein und darf nicht **sp**rechen.

2 Ordne die Wörter in die Tabelle ein.

Nomen	Adjektiv	Verb
Spiel	spannend	spielen
Stock	spitz	springen
Spirale	still	stoßen
Steine		stolpern
Steine		sprechen

55

Das kann ich schon!

1 Ergänze in jedem Satz ein Verb mit doppeltem Mitlaut.

Wenn eine Biene zu einer Blüte fliegt, hört man sie **summen**.
Wenn du im tiefen Wasser nicht stehen kannst,
musst du **schwimmen**.
Wenn du ganz genau zielst, kannst du ins Schwarze **treffen**.
Wenn ein Hund einen anderen bedroht, hört man ihn **knurren**.
Wenn ein Baby noch nicht laufen kann, lernt es zuerst **krabbeln**.
Wenn du im Sport Erster sein willst, musst du sehr schnell **rennen**.

2 Schreibe alle diese Verben in die Silbenbögen.

sum | men   knur | ren

schwim | men   krab | beln

tref | fen   ren | nen

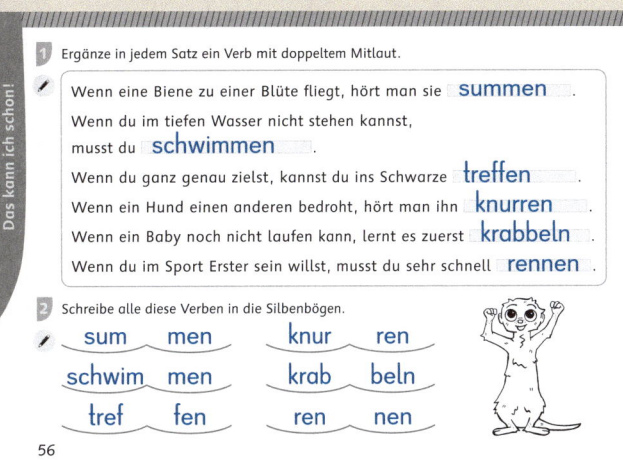

56

Wörter mit tz und ck

Male die Felder mit **tz braun** und Felder mit **ck blau** aus.
Felder mit nur einem Buchstaben werden orange.

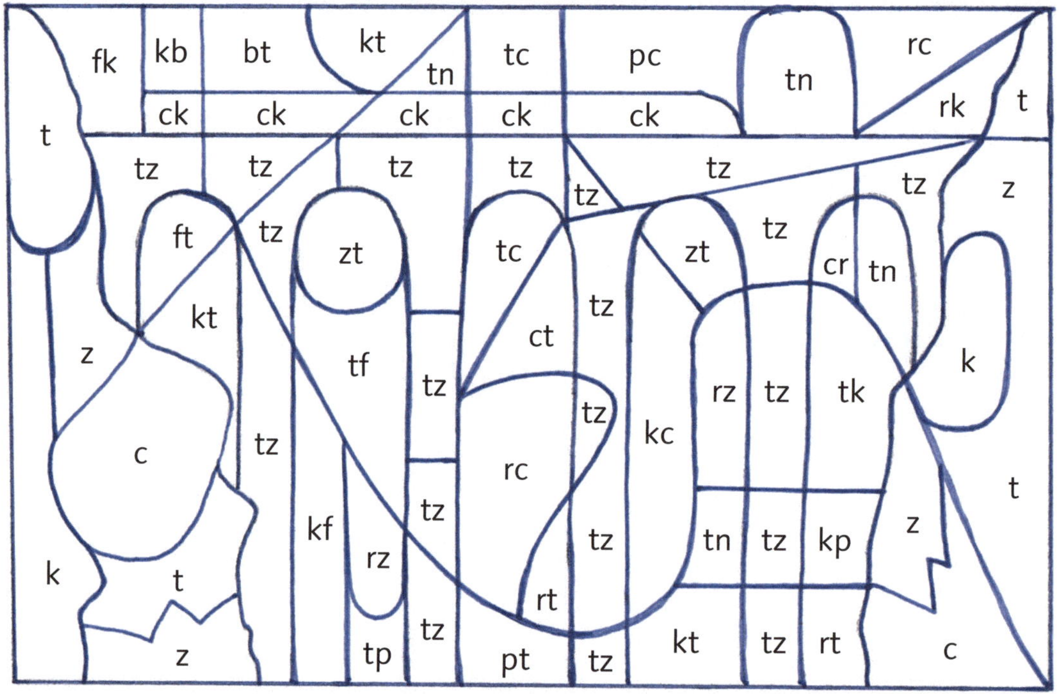

fk · kb · bt · kt · tn · tc · pc · tn · rc · rk · t

t · ck · ck · ck · ck · ck · z

tz · tz · tz · tz · tz · tz · tz · tz

ft · tz · zt · tc · tz · zt · tz · cr · tn

kt · tf · tz · ct · tz · k

z · tz · tz · kc · rz · tz · tk

c · kf · rz · tz · rc · tz · tn · tz · kp · z · t

k · t · tp · tz · pt · tz · kt · tz · rt · c

z

34

Finde in jeder Linie ein Verb mit **tz**.
Schreibe alle Verben in die Silbenbögen.
Achte darauf, **t** und **z** zu trennen.

F	R	K	R	A	T	Z	E	N	I	L
S	C	H	W	I	T	Z	E	N	P	D
E	S	I	T	Z	E	N	K	O	L	Z
L	I	M	T	P	P	U	T	Z	E	N
S	A	L	S	C	H	Ü	T	Z	E	N
S	P	R	I	T	Z	E	N	M	G	Z
Z	H	N	Ü	T	Z	E	N	D	U	R
A	F	L	I	T	Z	E	N	T	R	E

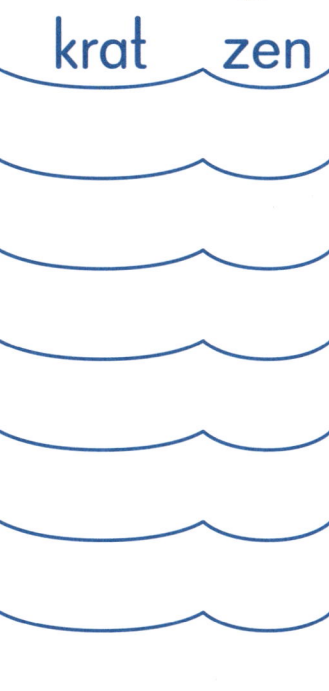

Wörter mit tz

krat zen

35

tz steht **nie** nach den Buchstaben **l**, **n** und **r**.

Nach l, n, r – das merk dir ja – steht nie tz und nie ck!

1 Ordne die Buchstaben richtig und finde die Wörter heraus.

r e H z   **das**   z l o H

S z l a   z l P i

2 Übe noch mehr Wörter mit **einfachem z** nach den Buchstaben **l**, **n** oder **r**.
Ordne die Buchstaben und schreibe die Wörter richtig.

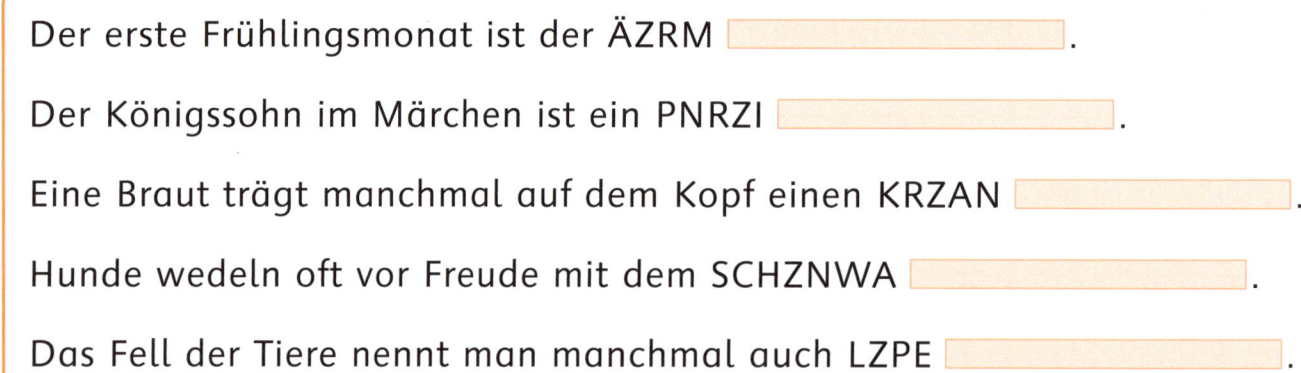

Der erste Frühlingsmonat ist der ÄZRM   .

Der Königssohn im Märchen ist ein PNRZI   .

Eine Braut trägt manchmal auf dem Kopf einen KRZAN   .

Hunde wedeln oft vor Freude mit dem SCHZNWA   .

Das Fell der Tiere nennt man manchmal auch LZPE   .

Auch nach **ei**, **au** und **eu** steht **nie tz**.

Nimm diese Regel mit ins Bett:
Nach, ei, au, eu steht nie tz!

Setze in jedem Satz ein passendes Wort ein.
Schreibe die Wörter noch einmal auf.

Den Mund von Tieren nennt man Maul oder ⬚.

In einer Kirche sieht man oft ein großes ⬚.

Unser Nachbarland mit hohen Bergen ist die ⬚.

Zur Familie der Eulen gehört auch der ⬚.

Im kalten Winter braucht man eine gute ⬚.

Heizung   Kreuz   Kauz   Schnauze   Schweiz

Wörter mit ei: ⬚

Wörter mit au: ⬚

Wörter mit eu: ⬚

Setze die Verben zusammen.
Finde zu jedem Verb ein passendes Nomen.

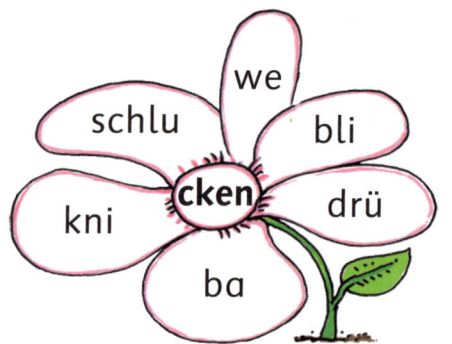

Verb	Nomen

Bilde Verben und ordne sie richtig ein.

Weißt du noch? Nach l, m, n, r –
das merk dir ja –
steht nie tz und nie ck!

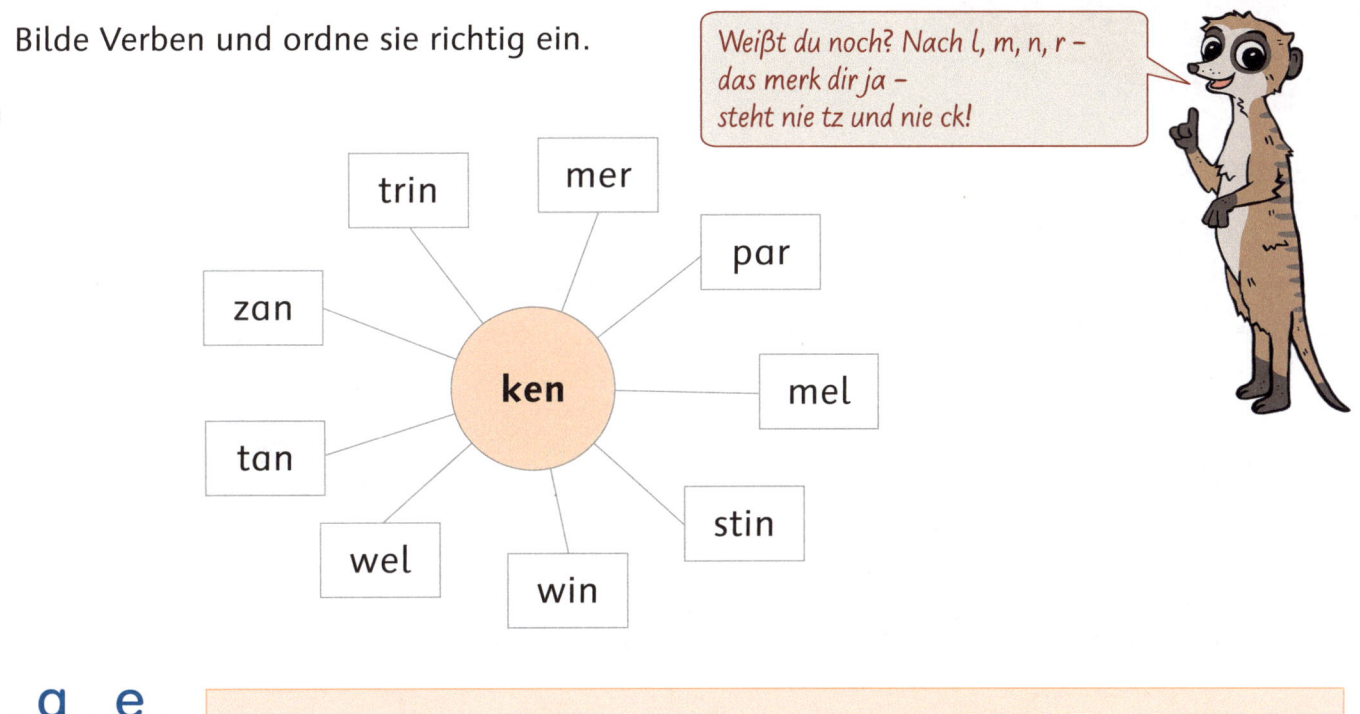

trin

mer

par

zan

ken

mel

tan

stin

wel

win

a‿e

e‿e

i‿e

Viel Spaß!

Finde den Zug, in dem nur Dinge mit **tz** mitfahren.

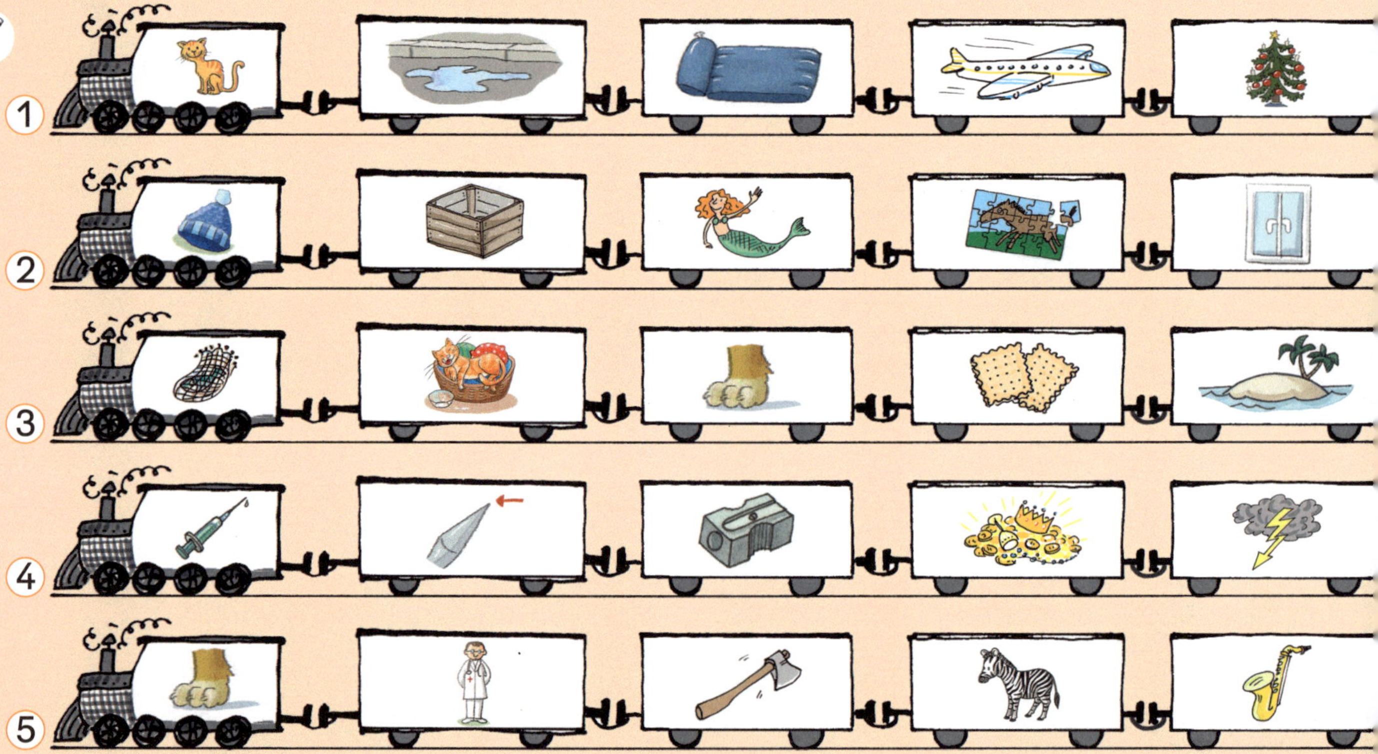

1

2

3

4

5

1 In der Schlange haben sich sechs Verben versteckt. Trenne sie ab.

RENNENBITTENSTELLENROLLENTIPPENHOFFEN

2 Schreibe alle Verben in der Grundform, in der ich-Form und in der du-Form auf. Male die doppelten Mitlaute an.

Grundform	ich-Form	du-Form

Finde für jedes Verb die passenden Silben. Schreibe alle Verben in der ich-Form auf. Male den doppelten Mitlaut an.

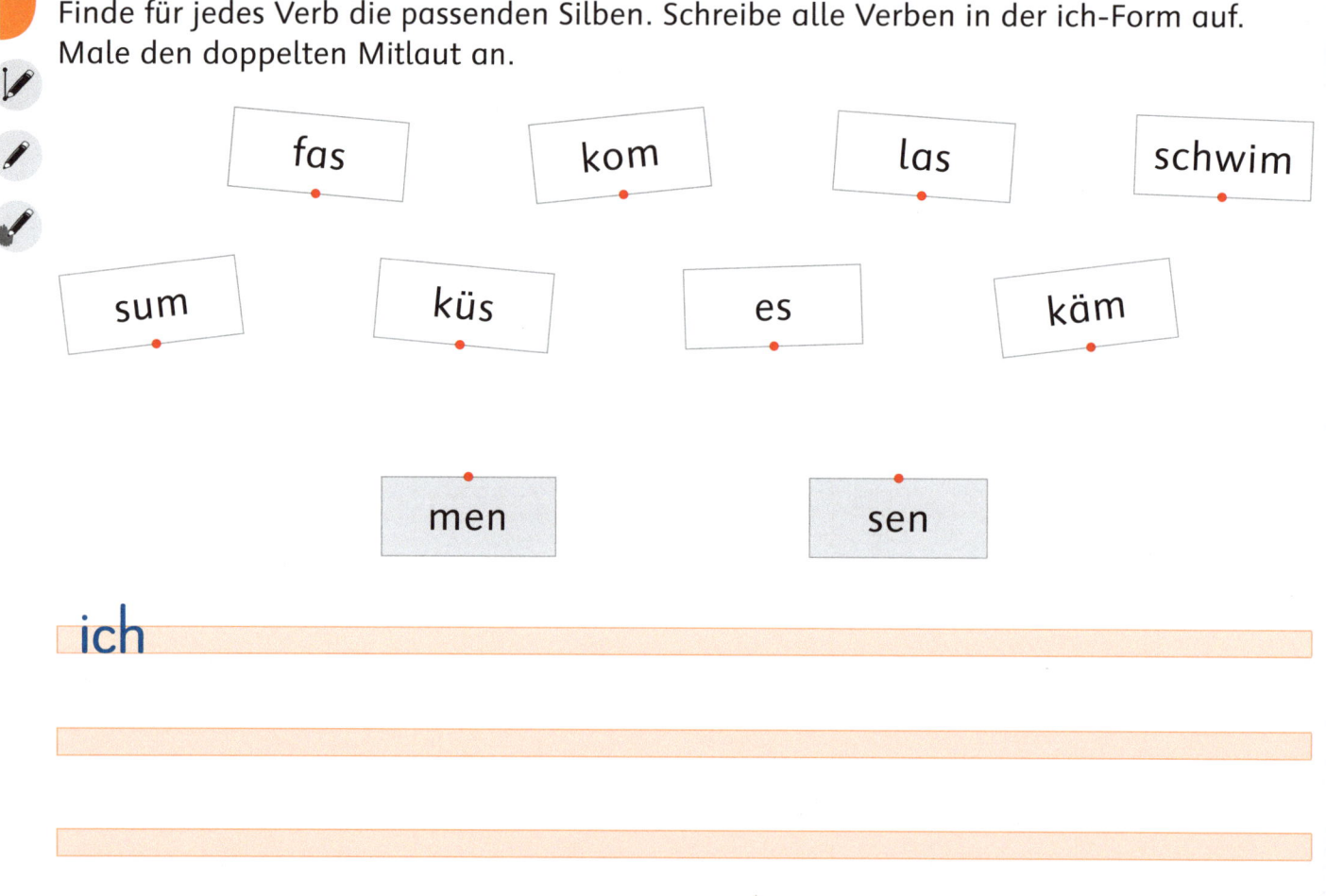

fas · kom · las · schwim ·

sum · küs · es · käm ·

men · sen ·

ich _____

_____

_____

Wähle in jedem Satz das richtige Wort aus und schreibe es noch einmal auf.
Male den doppelten Mitlaut bunt an.

Samira und Nils ~~kennen~~ / können sehr gut singen.

können

Sergio und Camilla rennen / retten um die Wette.

Olga und Patrick rollen / wollen ihr Frühstücksbrot tauschen.

Daniel und Nora müssen / wissen ihre Hefte noch abgeben.

Ariana und Timo flattern / klettern über den Zaun.

Bodo und Natascha schwimmen / schwellen am schnellsten.

43

1 Hier fehlt in den Wörtern der doppelte Konsonant. Setze ein: **ll**, **mm**, **nn**, **ss** oder **tt**.

Fledermäuse schlafen am Tag und fla_____ern nachts herum. Sie jagen i_____er a_____ein. Am liebsten fre_____en sie kleine Insekten. Sie fliegen sehr schne_____, aber sie stoßen nie irgendwo an. Ihren Weg finden sie mit Ultrascha_____. Sie stoßen Schreie aus, die wir mit unseren Ohren nicht hören kö_____en. Am Echo erke_____en sie, ob sie einem Hindernis ausweichen mü_____en.

2 Schreibe diese Wörter hier noch einmal auf und male den doppelten Mitlaut an.

ll: _____

mm: _____

nn: _____

ss: _____

tt: _____

Wähle in jedem Satz das richtige Wort aus und schreibe es noch einmal auf.
Male den doppelten Konsonanten bunt an.

Nach dem Mittagessen waren die Kinder ganz [glatt / satt] . **satt**

Die Kerzen am Weihnachtsbaum strahlen [hell / schnell] .

Nach dem Gewitter ist im Garten alles [blass / nass] .

Die neue Tintenpatrone im Füller ist noch fast [voll / toll] .

Der Brief von meiner Tante war wirklich sehr [nett / fett] .

Immer wenn du **scht** hörst oder sprichst, schreibst du **st** oder **St**.

1 Finde die Nomen mit **St** am Anfang und kreise sie ein.

FCGSTEINHGAZSTIEFELOKSTUNDEFPRSTREIFENAMTGÜSTAPEL

NISTIFTWRASDSTADTHJFSTERNBPLSTÄNGELSLUSTEMPELBA

2 Schreibe nur die Mehrzahl der Wörter auf.
Bei fünf Wörtern klingt die Mehrzahl genau wie die Einzahl.

Mehrzahl klingt anders als Einzahl	Mehrzahl klingt genau wie Einzahl
die	die

Unterstreiche in allen Sätzen das Verb mit **st**.
Schreibe es in der Grundform und in der ich-Form auf.

Grundform	ich-Form

Der Radfahrer stürzt in der Kurve.

Franca streut den Vögeln Futter hin.

Martin staunt über das schöne Geschenk.

Der Handwerker stellt die Leiter hin.

Der ICE stoppt schon vor dem Bahnhof.

Nicolai steigt die Treppe hoch.

Das Baby strampelt in seinem Wagen.

Der Schwimmer stößt sich kräftig ab.

47

Immer wenn du **schp** hörst oder sprichst, schreibst du **sp** oder **Sp**.

Finde das passende Wort und schreibe es in die Linien.

Ein Land in Europa mit gelb-roter Fahne heißt _____ .

Ein Gegenstand, in dem du dich selber siehst, ist ein _____ .

Ein Fußabdruck im Schnee oder im Sand ist eine _____ .

Eine Tätigkeit mit viel Bewegung heißt _____ .

Eine kleine Klammer in den Haaren heißt _____ .

Ein Vogel, der an die Bäume hämmert, ist der _____ .

Eine Kurve, die zur Mitte immer enger wird, nennt man _____ .

Ein Mensch, der heimlich Dinge herausfindet, ist ein _____ .

| Sport | Spange | Spanien | Specht | Spiegel | Spion | Spirale | Spur |

1 Immer zwei Verben mit **sp** klingen fast gleich. Setze das richtige Verb ein.

Die Kinder wollen am liebsten im Garten _____ .

Wir müssen noch das Geschirr _____ .

Jens will mit dem Gartenschlauch Wasser _____ .

Am Wochenende möchte ich meine Stifte _____ .

Dimitri will heute vom Sprungturm _____ .

Die Bankräuber wollen den Panzerschrank _____ .

springen

spitzen

spielen

sprengen

spülen

spritzen

2 Schreibe die fehlenden Verbformen dazu.

Grundform	ich-Form	du-Form
_____	ich spreche	_____
sperren	_____	_____
_____	_____	du spendest

> Wörter mit **langem i** schreibt man meistens mit **ie**.

Unterstreiche alle Wörter mit **ie** und male das **ie** an.
Ordne sie unten richtig ein.

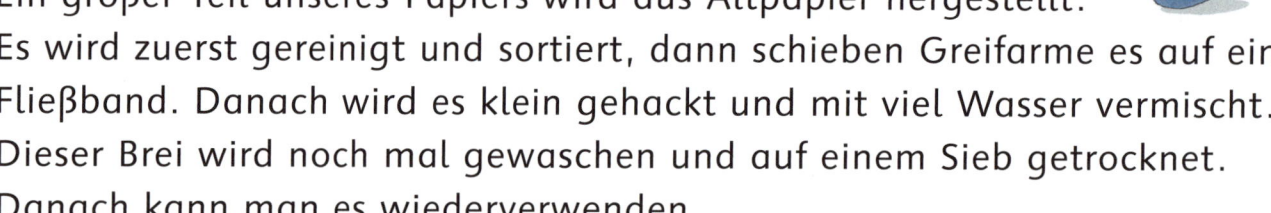

Ein großer Teil unseres Papiers wird aus Altpapier hergestellt.
Es wird zuerst gereinigt und sortiert, dann schieben Greifarme es auf ein
Fließband. Danach wird es klein gehackt und mit viel Wasser vermischt.
Dieser Brei wird noch mal gewaschen und auf einem Sieb getrocknet.
Danach kann man es wiederverwenden.

Nomen:

das

Andere Wörter:

Bilde Verben und schreibe sie in die Tabelle.

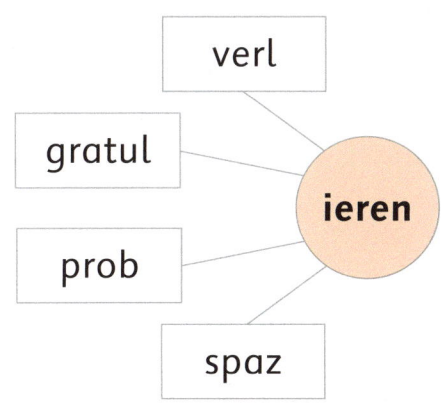

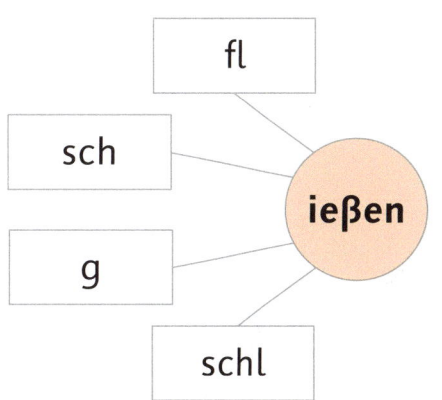

Grundform	ich-Form	Grundform	er-Form

51

1 Unterstreiche in allen Sätzen das Verb in der Vergangenheit.

> Besonders oft findet man das ie in der Vergangenheitsform.

Dennis schlief in den Ferien zum ersten Mal im Zelt. | schlief |

Ricardo fiel beim Spielen mit Schwung auf sein Knie. | |

Die neue Schülerin Anna blieb vorsichtig an der Tür stehen. | |

Beim Spaziergang rief die Mutter laut nach dem Hund. | |

Beim Sportfest lief Patrick die 75 Meter so schnell wie noch nie. | |

Vanessa stieg ganz vorsichtig die steile Treppe hinauf. | |

2 Schreibe die Verben mit der passenden Form der Gegenwart in die Tabelle.

Vergangenheit	Gegenwart		Vergangenheit	Gegenwart
er schlief	er schläft			

1 Ergänze in jedem Satz ein Wort mit **ch**. Die Wörter in jedem Kasten sind Reimwörter.

Wer nicht stark ist, der ist _____.

Wer nicht schläft, der ist _____.

Was nicht hart ist, das ist _____.

Wer nicht arm ist, der ist _____.

Wer etwas verloren hat, muss _____.

Wer Geburtstag hat, bekommt einen _____.

Wer im Meer Fische beobachten will, muss _____.

Wer gesund leben will, sollte besser nicht _____.

2 Kreuze die richtige Antwort an.

○ **ch** klingt immer **gleich**

○ **ch** klingt nach manchen Buchstaben **anders**

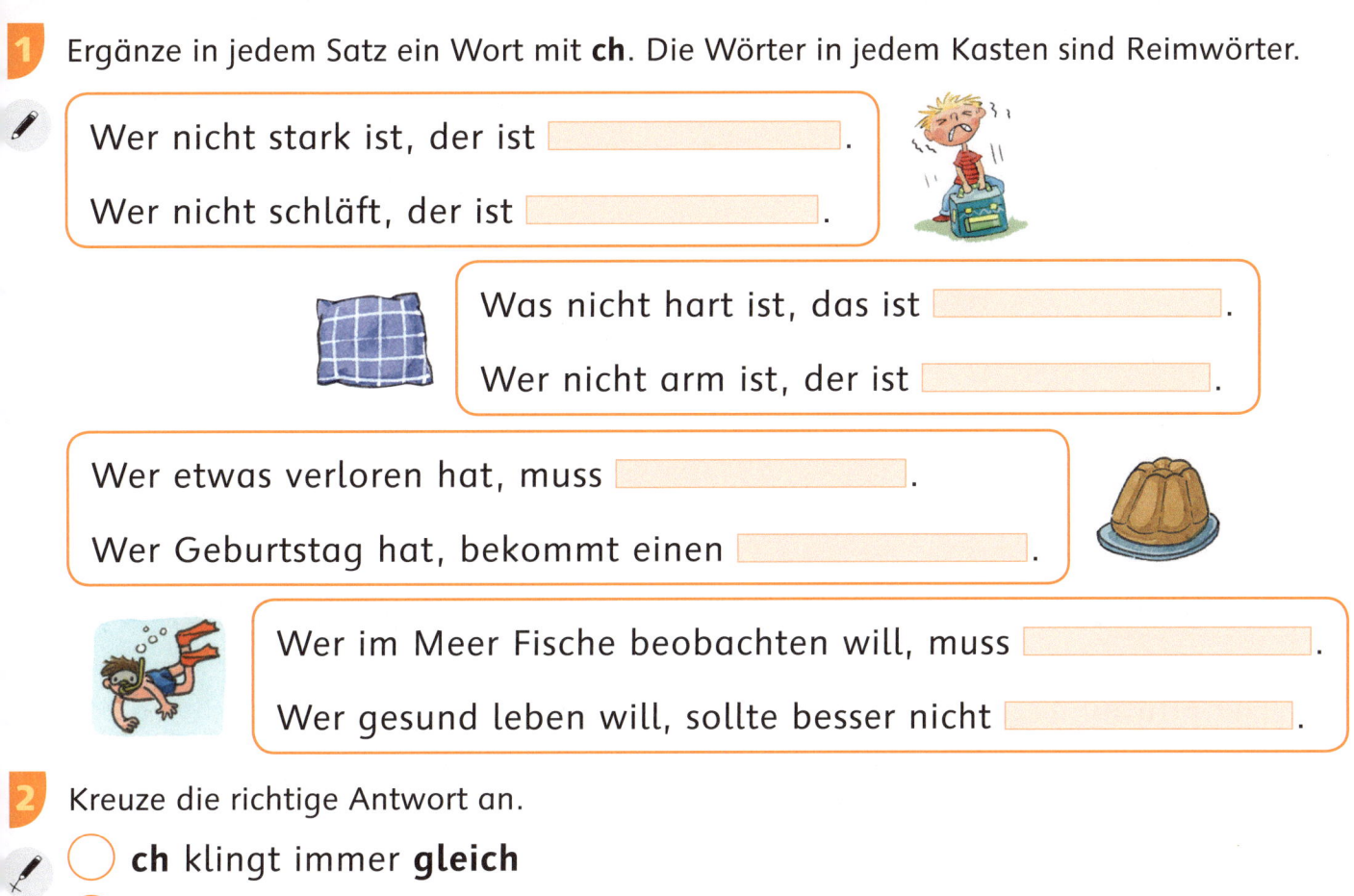

53

1 Kreuze an, was richtig ist.

Nach den Buchstaben **l**, **n** und **r**

◯ kommt immer ein **tz**.　　　　◯ kommt nie ein **tz**.

Der Selbstlaut vor einem **tz** ist ◯ lang ◯ kurz.

2 Entscheide bei jedem Wort, ob du **tz** oder **z** einsetzen musst.

Die Ka▭e si▭t auf ihrem Pla▭ an der Hei▭ung.

Bei Hi▭e wird die Hundeschnau▭e gan▭ trocken.

Im Winter ist eine Mü▭e ein guter Schu▭ gegen die Kälte.

Die Piraten haben ihren Scha▭ verteidigt.

Im Wald kann man gut Wur▭eln und Pil▭e sammeln.

Danach müssen wir den Schmu▭ von den Füßen kra▭en.

1 Ergänze im Text bei den Wörtern **St/st** oder **Sp/sp** am Anfang.

Jasmin und Linda ___ielen ein ___annendes ___iel. Sie haben

mit einem ___itzen ___ock eine ___irale auf den Boden gemalt

und kleine ___eine hineingeworfen. Jetzt ___ringen sie auf einem Bein

über die ___eine. Sie dürfen nicht daran ___oßen und nicht ___olpern.

Man muss dabei ___ill sein und darf nicht ___rechen.

2 Ordne die Wörter in die Tabelle ein.

Nomen	Adjektiv	Verb

1 Ergänze in jedem Satz ein Verb mit doppeltem Mitlaut.

Wenn eine Biene zu einer Blüte fliegt, hört man sie ⬚.

Wenn du im tiefen Wasser nicht stehen kannst,

musst du ⬚.

Wenn du ganz genau zielst, kannst du ins Schwarze ⬚.

Wenn ein Hund einen anderen bedroht, hört man ihn ⬚.

Wenn ein Baby noch nicht laufen kann, lernt es zuerst ⬚.

Wenn du im Sport Erster sein willst, musst du sehr schnell ⬚.

2 Schreibe alle diese Verben in die Silbenbögen.

56